BODENSEE

Regioführer

DER AUTOR

Gunnar Habitz studierte Informatik in Bremen und Wirtschaftsingenieurwesen in Zürich und ist seitdem hauptberuflich als Manager in der IT-Branche tätig. Während seines Studiums arbeitete er als Reiseleiter und veröffentlichte seitdem u. a. Reiseführer und Artikel über die Schweiz, den Bodensee und seinen Zweitwohnsitz Tschechien (www.habitz.ch).

Mit Kind hat die Reiserei ein Ende. Keineswegs! **Melanie Bürkle** berichtet auf ihrem Blog »Kind im Gepäck« www.kindimgepaeck.de, wie sie mit Baby und Wohnmobil die USA durchquerten oder wie es als Familie war, den höchsten Pass Afrikas zu überqueren. Neben der Ferne lockt es die Familie auch mehrmals jährlich an den Bodensee, um hier die besten Ecken zu entdecken.

www.vistapoint.de

SERVICE VON A BIS Z

EXTRAS – ZUSATZINFORMATIONEN

INHALT · ZEICHENERKLÄRUNG

ORTE AUS »1000 PLACES TO SEE BEFORE YOU DIE«

Zeichenerklärung

Top 10
Das müssen Sie gesehen haben

Vista Point
Reiseregionen, Orte und Sehenswürdigkeiten

Symbole
Verwendete Symbole siehe hintere innere Umschlagklappe.

Kartensymbol: Verweist auf das entsprechende Planquadrat der ausfaltbaren Karte bzw. der Detailpläne im Buch.

WILLKOMMEN AM BODENSEE.
. DIX, HECKEL, ACKERMANN - DIE HÖRIKLASSIKER
. GEGENWARTSKUNST DER EUREGIO BODENSEE
. MODERNE AUS DEM DEUTSCHEN SÜDWESTEN
. LANDSCHAFTEN DES HEGAUS UND DES BODENSEES
. EINZEL-, GRUPPEN-, SAMMLUNGSAUSSTELLUNGEN
KUNST MUSEUM SINGEN
EKKEHARDSTRASSE 10
78224 SINGEN
07731 85-271
KUNSTMUSEUM-SINGEN.DE
DI-FR 14-18 Uhr
SA+SO 11-17 Uhr
Sparkasse Hegau-Bodensee
thüga Energie kann mehr.
SINGEN KulturPur

Stockach
Orsingen-
-Nenzingen
98
-Ludwigshafen
Bodman-
Sipplingen
694
Überlinger See
Überl
Bodanrück
Radolfzell
a.Bodensee
Zeller
See
Moos
Gnadensee
Allensbach
Insel
Reichenau
Gaien-
hofen
Berlingen
Gott-
lieben
Ko
Untersee
Steckborn
Erma-
tingen
Tägerwilen
Kre
Stetten
Schaffhausen
Randegg
Diessenhofen
Rhein
Wagen-
hausen
Stein
a. Rhein
Uhwiesen
Basadingen
Eschenz
Mammern
Engen
Eigeltingen
Aach
81
Tengen
Binningen
Hilzingen
Singen
(Hohentwiel)
Ebringen
Gottmadingen
Rielasingen-
Worblingen
Bibern
Herdwangen
Pfron
hofen
A4
A7
Ellighausen
Pfyn
Hüttwilen
Hüttwiler
See
Ossingen
Ober-
neunforn
Thur
Marthalen
Truttikon
Thalheim
a.d. Thur
Altikon
Weinfelden
Eschikofen
Amlikon
Frauenfeld
Bürglen
Dinhard
Märwil
Matzingen
Weingarten
Mettlen
Murg
A1
Aadorf
Lommis
Winterthur
Bettwiesen
Münchwilen
Wil
Zuzwil
Sirnach
Kollbrunn
Kyburg
Zell
Bichelsee
Uzwil
Effretikon
Weisslingen
Turbenthal
Kirchberg
Illnau
Volketswil
Saland
Lütisburg
Necker
Schwerzen-
bach
Fällanden
A53
Pfäffikon
Bauma
Mühlrüti
Bütschwil
Mosnang
Pfäffiker
See
Greifensee
Uster
Maur
Wetzikon
Bäretswil
52
S C H W
Lichtensteig
Humlikon
Volken
Henggart
Dättlikon
Pfungen
Brütten
Birchwil
Nürens-
dorf
Brüttisellen
Wangen-

DEUTSCHLAND
ÖSTERREICH
Bodensee
0 5 km
Heiligenberg
Salem
-Mühlhofen
Ober-
Uhldingen
-Unter
Meersburg
Stetten
Hagnau a. Bodensee
Immenstaad a. Bodensee
Friedrichshafen
Ravensburg
Eschach
Meckenbeuren
Tettnang
Eriskirch
Langenargen
Kressbronn a. Bodensee
Wasserburg (Bodensee)
Lindau (Bodensee)
Insel Lindau
Lochau
Bregenz
Hard
Lauterach
Wolfurt
Schwarzach
Höchst
Lustenau
Dornbirn
Diepoldsau
Hohenems
Romanshorn
Arbon
Altenrhein
Goldach
Rorschach
Grub
Heiden
St. Gallen
Teufen
Appenzell
Schönenbaumgarten
Amriswil
Markdorf
Weingarten
A1
A13
A14
96
Rhein
Aach
Argen
Sitter

Willkommen am Bodensee

Im Dreiländereck von Deutschland, Österreich und der Schweiz liegt eine paradiesische Ferienregion – der Bodensee. Von mediterraner Atmosphäre an den Uferpromenaden bis zu den Aussichtspunkten auf den Voralpen, von Apfelplantagen und Weingebieten bis zu pittoresken Städten: Die Region bietet eine enorme Vielfalt für Groß und Klein.

Der Bodensee besteht im Grunde genommen aus mehreren Teilseen. In der Mitte thront Konstanz als heimliche Hauptstadt der Region. Westlich liegt der Untersee mit der Insel Reichenau und ihrer tausendjährigen Kulturgeschichte. Im weiteren Verlauf ab Stein am Rhein fließen die Wassermengen als reißender Fluss den Rheinfall hinunter, Europas größter Wasserfall. Der Überlinger See im Nordwesten reicht von Bodman, dem Namensgeber des Bodensees, via Blumeninsel Mainau bis zum Publikumsliebling Meersburg, dem Standort der ältesten noch bewohnten Burg Deutschlands.

Den größten Teil bildet der Obersee von Konstanz bis nach Bregenz. Die deutsche Seite säumen bekannte Orte wie Friedrichshafen und Lindau mit der hübsch bebauten Insel. Auf der weltgrößten Seebühne im Vorarlberger Bregenz finden jährlich die Bregenzer Festspiele statt. Die Schweizer Seite verfügt über weniger bekannte Orte, dafür wartet im Hinterland mit St. Gallen eine historische Kulturmetropole mit dem berühmten Stiftsbezirk auf Besucher.

Vor allem bietet der Bodensee Ferienvergnügen für jedermann. Aktivsport, Radfahren, Wandern, Segeln oder gar mit dem Zeppelin über dem Bodensee schweben – hier ist alles möglich. Kinder erfreuen sich an der Anzahl von Abenteuerparks, Kletterparcours und Zoos. Zur Alemannischen Fasnet zeigt sich der See von der fröhlichen Seite, Kulturfeste beleben die Region das ganze Jahr über.

Die Bodenseeküche verwöhnt die Besucher mit frischem Seefisch, Gemüse von der Reichenau, Obst aus dem Thurgau und einer Vielzahl anderer regionaler Gerichte.

Blick auf die Seepromenade der Inselaltstadt von Lindau im Bodensee

Top 10: Das müssen Sie gesehen haben

1 Konstanz
S. 12–29 ➡ D/E5
Die heimliche Hauptstadt des Bodensees, genau in der Mitte zwischen Untersee und Obersee, ist eine historisch bedeutende Universitätsstadt, eignet sich zum Einkaufen und verfügt über eine sehenswerte Altstadt.

2 Insel Reichenau
S. 42 ff. ➡ D3/4
Die drei romanischen Kirchen zeugen von der tausendjährigen kulturhistorischen Bedeutung der Insel, das Kloster legte den Grundstein für den Gemüseanbau im milden Seeklima.

3 Insel Mainau
S. 56 ff. ➡ D5
Die Blumeninsel der Grafenfamilie Bernadotte im Überlinger See nördlich von Konstanz ist mit ihrer blühenden Pracht ein lohnenswertes Ausflugsziel.

4 Meersburg
S. 58 ff. ➡ D6
Die älteste bewohnte Burg Deutschlands und ein hügeliges Geflecht mittelalterlicher Gassen direkt am See ziehen dank der Fährverbindung nach Konstanz viele Besucher an.

5 Pfahlbaumuseum
S. 65 f. ➡ C6
Die prähistorischen Pfahlbauten stehen seit 2011 auf der Liste des UNESCO-Weltkulturer-

bes. Das Pfahlbaumuseum in Uhldingen-Mühlhofen gewährt einen Einblick in Stein- und Bronzezeit.

6 Überlingen

S. 70 ff. ➡ C5

Die mediterrane Atmosphäre der Seepromenade mit bis zu 2000 Sonnenstunden jährlich ist ein überraschender Anziehungspunkt des lebendigen Kurorts.

7 Insel Lindau

S. 82 ff. ➡ F/G11/12

Für Liebhaber romantischer Kleinstädte ist die Insel Lindau ein Paradies mit einer Vielzahl niedlicher Gassen, kleinen Boutiquen und guter Gastronomie. Ideal zum Flanieren und Genießen.

8 Bregenzer Festspiele

S. 116 f. ➡ G/H12

Das Kulturhighlight des Bodensees sind die jährlich stattfindenden Festspiele auf der Seebühne. Alle zwei Jahre wird eine neue Oper mit spektakulären Bühnenbildern aufgeführt.

9 Stiftsbezirk St. Gallen

S. 130 ff. ➡ H/J7/8

Die nach dem Einsiedler Gallus benannte Abtei entstand bereits im 8. Jahrhundert. Die weltweit beachtete Stiftsbibliothek im Rokokosaal bewahrt etwa 2000 alte Handschriften auf.

10 Rheinfall

S. 161 ff. ➡ westl. D1

Nahe Schaffhausen donnern 700 Kubikmeter Wasser pro Sekunde die 23 Meter lange Kalksteinflanke herunter.

Altstadt, Niederburg und südliche Altstadt

Bahnhof – Konzilsgebäude – Dominikanerinsel – Niederburg – Münster – Wessenberg-Galerie – Triumphbogen – Rathaus – Hussenstraße – Hus-Museum – Dreifaltigkeitskirche – Rosgartenmuseum – Marktstätte – Hafen.

Mit 85 000 Einwohnern liegt ① **Konstanz** ➡ D/E5, die größte Stadt am Bodensee, exakt in der Mitte zwischen dem Untersee im Westen, dem Überlinger See im Norden und dem Obersee im Osten. Noch dazu sind die beiden Inseln Mainau und Reichenau direkt mit Konstanz verbunden. Von wegen am untersten Zipfel von Deutschland: Die Lage wird eher als zentral wahrgenommen, zumal die dank Schengener Abkommen offene Grenze zur Schweiz beim nachbarschaftlichen Kreuzlingen für regen kulturellen und kommerziellen Austausch sorgt.

Unmittelbar an der Rheinbrücke gelegen: der Rheintorturm in Konstanz

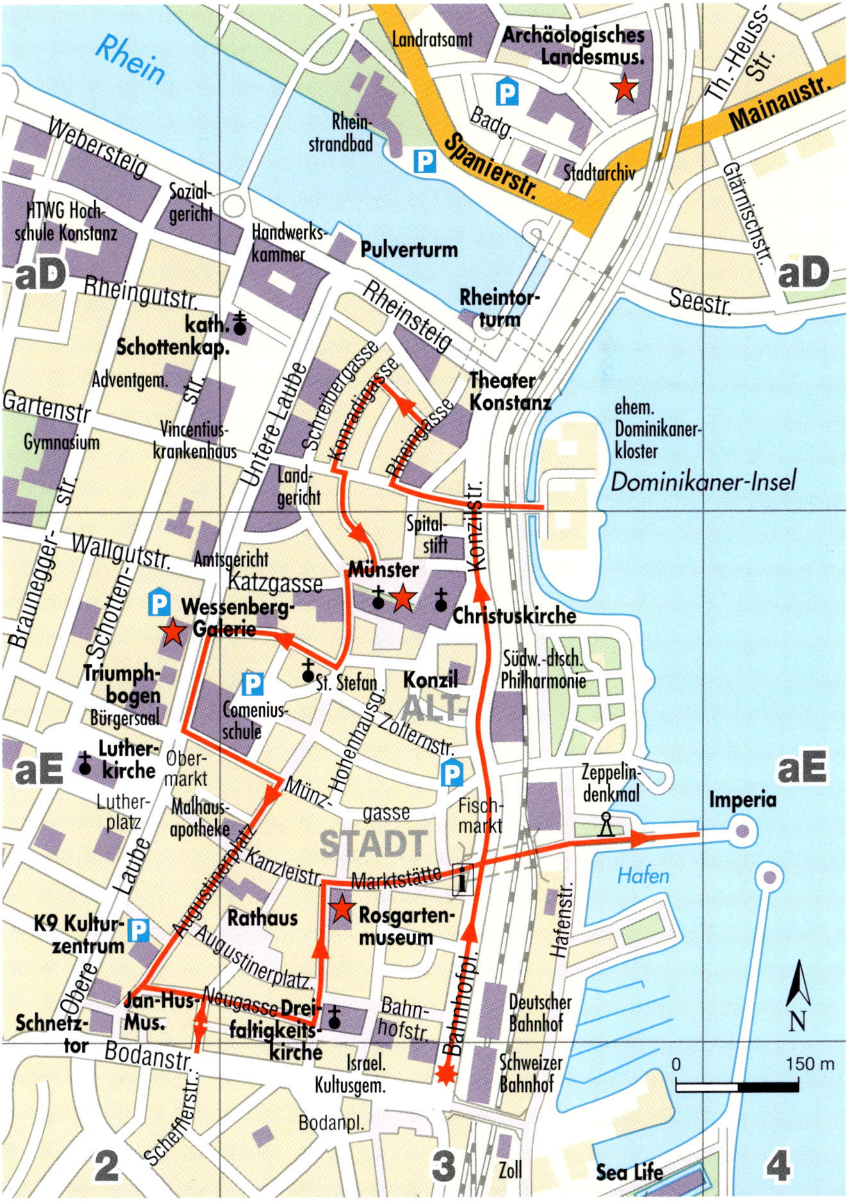
Rhein
Landratsamt
Archäologisches Landesmus.
Rhein-strandbad
Badg.
Spanierstr.
Stadtarchiv
Mainaustr.
Th.-Heuss-Str.
Glärnischstr.
Webersteig
Sozial-gericht
HTWG Hoch-schule Konstanz
Handwerks-kammer
Pulverturm
aD
Rheingutstr.
Rheintor-turm
Seestr.
kath. Schottenkap.
Rheinsteig
Adventgem.
str.
Schreibergasse
Konradigasse
Rheingasse
Theater Konstanz
Gartenstr
Gymnasium
Vincentius-krankenhaus
Untere Laube
ehem. Dominikaner-kloster
Dominikaner-Insel
Land-gericht
Spital-stift
Konzilstr.
Brauneggerstr.
Wallgutstr.
Amtsgericht
Katzgasse
Münster
Schotten-
Wessenberg-Galerie
Christuskirche
Triumph-bogen
St. Stefan
Konzil
Südw.-dtsch. Philharmonie
Bürgersaal
Comenius-schule
Hohenhausg.
ALT-
Zollernstr.
aE
Luther-kirche
Ober-markt
Zeppelin-denkmal
Imperia
Luther-platz
Malhaus-apotheke
Münz-gasse
Fisch-markt
STADT
Kanzleistr.
Marktstätte
Hafen
Augustinerplatz
Laube
Rathaus
Rosgarten-museum
Hafenstr.
K9 Kultur-zentrum
Obere
Augustinerplatz.
Bahnhofpl.
Neugasse
Jan-Hus-Mus.
Drei-faltigkeits-kirche
Bahn-hofstr.
Deutscher Bahnhof
N
Schnetz-tor
Bodanstr.
Israel. Kultusgem.
Schweizer Bahnhof
0
150 m
Schefflerstr.
Bodanpl.
2
3
Zoll
Sea Life
4

Die Große Kreisstadt Konstanz mit ihren beiden Hochschulen und innovativem Gewerbe ist der Motor für die ganze Bodenseeregion, die hauptsächlich von Landwirtschaft und Tourismus lebt. Viele Einwohner von Konstanz arbeiten in der nahen Schweiz als ständige Grenzgänger.

Konstanz wurde schon im 4. Jahrhundert von den Römern besiedelt. Das einst bedeutende Bistum Konstanz bestand vom Ende des 6. Jahrhunderts bis zur Auflösung im Jahr 1821. Die Bischofsstadt holte das bedeutende Konzil an den Bodensee. Ausgerechnet in der freien Reichsstadt breitete sich später die Reformation aus, hielt sich jedoch nur zwei Jahrzehnte, bis Konstanz 1548 dem habsburgischen Vorderösterreich zugeordnet wurde. Ab 1806 begann die Zeit des Großherzogtums Baden mit enormer Bautätigkeit.

Das Stadtzentrum liegt südlich des Rheins in einer Enklave der Schweizer Uferseite. Direkt an den Rhein grenzt der älteste Teil Niederburg, es schließen sich die Altstadt und die südliche Altstadt an. Besucher nehmen die Ortsteile freilich als einen einheitlichen alten Kern wahr. Der Westen wird durch das Wollmatinger Ried begrenzt, nördlich des Rheins befinden sich die Universität, die Bodensee-Therme und der Zugang zur Insel Mainau.

Der 1863 errichtete **Bahnhof Konstanz** ➡ aE4 mit seinem charakteristischen neogotischen Turm ist ein idealer Ausgangspunkt für eine Stadtbesichtigung. Die Anlage wurde als Durchgangsbahnhof mit einem deutschen und einem schweizerischen Teil konzipiert. Dank Schengenbeitritt der Schweiz 2008 ist der Abbau der einstigen Grenze zwischen den Gleisen bereits vollzogen. Den Bahnhofsplatz säumen mächtige Gebäude der vorletzten Jahrhundertwende wie das Hotel Halm im Stil eines Grand Hotels mit prächtigem Restaurant im maurischen Stil, dazu einige Ämter und die Sparkasse.

Hinter dem Bahnhof liegt der **Hafen** ➡ aE4 mit der neun Meter hohen Skulptur **Imperia** ➡ aE3: Eine Frau hält Papst und Kaiser auf den Armen. Der umstrittene Bodensee-Künstler Peter Lenk entwarf die Imperia 1993 und erinnert damit an die Mätressen- und Prostituiertenkultur während der Zeit des Konzils. Die zweite Statue am Hafen gilt dem Konstanzer Sohn Ferdinand Graf von Zeppelin.

Die Niederburg wurde früher vornehmlich von Handwerkern und Kaufleuten bewohnt

Die »Imperia« an der Hafeneinfahrt gilt als neues Wahrzeichen von Konstanz

Von 1414 bis 1418 währte das Konzil in Konstanz, dessen Ziel die Wiederherstellung der ursprünglichen Einheit der katholischen Kirche war. In dem 1388 errichteten **Konzilgebäude** ➡ aE3 fand damals lediglich das Konklave zur Wahl von Papst Martin V. statt, womit die Übergangszeit von drei Päpsten gleichzeitig in Rom, Pisa und Avignon beendet wurde. Das dreistöckige Handelshaus war vor allem ein wichtiger Umschlagplatz für die Handelsgüter am Hafen. Seit hundert Jahren dient es als Restaurant sowie Konferenz- und Kongresszentrum.

Etwas weiter nördlich auf der kleinen **Dominikanerinsel** ➡ aD/E3 gleich hinter dem Stadtgarten wurde anno 1236 ein Dominikanerkloster gegründet, das nach der Auflösung Ende des 18. Jahrhunderts in eine Fabrik umgewandelt wurde. In diesem Gebäude wurde 1838 Ferdinand Graf von Zeppelin geboren, sein Bruder Eberhard ließ die Fabrik später zum noch heute florierenden Luxushotel ausbauen.

Der nördliche Bereich etwa von der Höhe des Klosters bis zum Rhein heißt **Niederburg** und entstand bereits im 7. Jahrhundert. Im späten Mittelalter folg-

Westfassade des Konstanzer Münsters Unserer Lieben Frau

ten vornehme Patrizierhäuser der ursprünglichen Bebauung, heute beleben Weinstuben, Restaurants und pfiffige Läden die kleinen Gassen. Ein kurzer Spaziergang durch dieses Areal von der Klosterinsel aus führt durch die Inselgasse und Rheingasse bis zur Niederburggasse mit dem Weinhaus von Franz Fritz sowie durch die Konradigasse am Brauhaus vorbei bis zum Münsterplatz. Das **Haus zur Kunkel** ➡ aE3 (Nr. 5) aus dem Jahre 1269 gehörte einst dem Mesner von St. Johann. Die Wände zieren sowohl die bereits länger bekannten Weberfresken als auch ein spät entdeckter Freskenzyklus über Wolfram von Eschenbachs Parzifal.

Am **Münsterplatz** stand bereits im frühen Mittelalter ein Römerkastell zur Befestigung des Bodenseeraums. Seit dem 8. Jahrhundert bildet das Konstanzer **Münster Unserer Lieben Frau** das Zentrum des Platzes. Die dreischiffige Basilika im ursprünglich romanischen Stil wurde im Verlauf ihrer Geschichte gotisch, barock und neogotisch umgebaut. Die einstige Bischofskirche hatte während des Konzils eine bedeutende Rolle als Versammlungssaal. Das **Kulturzentrum am Münster** ➡ aE2 schräg gegenüber beherbergt die **Wessenberg-Galerie**.

Vom Münsterplatz führt die Wessenbergstraße quer durch die Altstadt. Am St.-Stephans-Platz steht die gleichnamige Kirche aus dem 15. Jahrhundert. Ein Abstecher nach Westen durch die Torgasse zur

Hafen

Hauptverkehrsstraße Obere Laube ermöglicht einen Blick auf eine weitere Skulptur von Peter Lenk: Der **Triumphbogen** ➜ aE2 genannte Brunnen unter den Lauben nimmt seit 1990 Touristen, Straßenverkehr und Papst aufs Korn.

Zurück durch die Münzgasse zur Wessenbergstraße in die Altstadt. Diese reicht genau genommen nur noch ein Stück weiter bis zum **Obermarkt** ➜ aE2/3, auf dem einst der Pranger stand. Etwa 600 Jahre alt ist die **Malhausapotheke**, deren Interieur teilweise noch an alte Apothekenzeiten erinnert. Die südliche Grenze der Altstadt bildet die Kanzleistraße mit dem **Rathaus** ➜ aE3 aus dem 16. Jahrhundert, das zunächst als Zunfthaus der Leineweber diente und erst im 19. Jahrhundert seine heutigen Malereien an der Renaissancefassade erhielt.

Renaissancefassade des Konstanzer Rathauses

Die Shoppingmeile in dem nunmehr »Südliche Altstadt« genannten Ortsteil heißt **Hussenstraße** und führt bis zum Schnetztor, ein Teil der einstigen Stadtbefestigung. Kurz vor dem Ende der Hussenstraße erinnert das **Hus-Museum** ➜ aE2 (Nr. 64) an den tschechischen Reformator, der 1415 auf dem Scheiterhaufen westlich der Altstadt verbrannt wurde. Sein Gedenkstein liegt in der Straße Zum Hussenstein im Ortsteil Paradies kurz vor der Schweizer Grenze. Das Haus kaufte die Prager Hus-Gesellschaft schon 1923.

Der Spaziergang führt ein paar Schritte zurück durch die Neugasse zur Rosgartenstraße mit netten Boutiquen und Geschäften, die teilweise hinter sehenswerten Fassaden untergebracht sind. Die **Dreifaltigkeitskirche** ➜ aE2 zwischen Rosgartenstraße und Sigismundstraße stammt aus frühgotischer Zeit und wurde 2006 zur ökumenischen Citykirche. Ein paar Schritte weiter fällt vor allem das historische, bereits 1870 gegründete **Rosgartenmuseum** ➜ aE3 auf, das sich mit der Stadtgeschichte sowie dem Konstanzer Konzil beschäftigt.

Die Rosgartenstraße mündet in die **Marktstätte**, eine breite Flaniermeile mit allerlei Terrassencafés und dem Kaiserbrunnen. Dank der Bahnhofsplatzunterführung mündet der breite Platz direkt in den Hafen. Wer hingegen noch nicht genügend eingekauft hat, geht von der Neugasse via Bodanstraße zum größten **Shopping-Center Lago** ➜ aF1 mit Multiplexkino.

Die Hussenstraße mit Schnetztor und Hus-Museum rechts

Ganz große Geschichte

Konstanz

Konstanz, Baden-Württemberg

Konstanz versteht sich aufgrund seiner Größe und seiner Geschichte als heimliche Hauptstadt der Bodenseeregion. Vieles erinnert an die Zeiten, in denen hier große Politik gemacht wurde und sich das Augenmerk des gesamten Abendlandes auf die Stadt am Bodensee richtete. Man schrieb das Jahr 1414, als auf Initiative des römisch-deutschen Königs Sigismund das Konstanzer Konzil einberufen wurde, ein vier Jahre währendes Gipfeltreffen, zu dem die Mächtigen der gesamten christlichen Welt anreisten. Ziel ihrer Zusammenkunft war es, die Spaltung der katholischen Kirche zu überwinden und wieder einen gemeinsamen Papst an die Spitze zu bringen. Noch heute treffen sich die Konstanzer im oder am 1388 errichteten Konzilgebäude, einem Handelshaus am alten Hafen, das auf dem Höhepunkt der Macht der Reichsstadt errichtet wurde. Hinter seinen Mauern schlossen sich die Kardinäle des Konzils damals ein und wählten den Papst.

Den Zweiten Weltkrieg hat die Konstanzer Altstadt unbeschadet überstanden und so wartet sie bis heute mit mittelalterlichen Türmen, Giebeln und Arkaden auf. Über 400 Einzelhandelsgeschäfte sowie gemütliche Cafes, urige Weinstuben und zahlreiche Restaurants säumen die malerischen Gässchen. Der schönste Teil der Altstadt erstreckt sich zwischen Marktstätte und Münster. Das Zentrum des Münsterplatzes bildet das Münster Unserer Lieben Frau. Der Bau der Bischofskirche wurde vermutlich um 590 kurz nach der Gründung des Bistums begonnen.Die ursprünglich romanische Basilika wurde mehrmals umgebaut. So wurden die Türme und die gotischen Seitenkapellen im 14.–16. Jahrhundert ergänzt. Es lohnt sich, den Münsterplatz zu überqueren und einzutauchen in das Gassengeflecht der Niederburg. Im 7. Jahrhundert lebten Fischer und Handwerker in den kleinen Häusern, die heute unter anderem gemütliche Lokale beherbergen.

Die »Imperia« an der Hafeneinfahrt gilt als Wahrzeichen von Konstanz.

Auch der Hafen mit atemberaubender See- und Alpenkulisse lädt ganzjährig zum Relaxen und Genießen ein. An der Hafeneinfahrt grüßt, imposant wie ein Leuchtturm, die neun Meter hohe Figur »Imperia«, geschaffen vom Bildhauer Peter Lenk. Die Frauenskulptur erinnert an die Zeit des Konzils, als mit den Mächtigen auch die käuflichen Gespielinnen in die Stadt am Bodensee kamen. Die Skulptur dreht sich in vier Minuten um 360 Grad.

Ob auf dem Wanderweg »SeeGang«, per Fahrrad, Schiff oder Bahn: Städtehopping am Bodensee ermöglicht ein intensives Erleben der Kultur- und Naturlandschaft.

Info: Konstanz liegt am Bodensee, etwa 105 km südwestlich von Freiburg. **Info Konstanz:** Marketing und Tourismus Konstanz GmbH, Bahnhofplatz 43 (im Bahnhof), 78462 Konstanz, Tel. (075 31) 13 30 30, www.konstanz-info.com.

Spazieren am Seeufer bei Konstanz

Jenseits der Altstadt in alle Richtungen

Am Seeufer der südlichen Altstadt liegt der gern **Klein-Venedig** genannte Park mit dem **Sea Life Center** ➡ aF3. Es gibt auf der Welt mehrere Einrichtungen dieses Namens, auch in Deutschland, doch das Großaquarium in Konstanz mit seinem Eselspinguinen und dem Octopus Garden zieht Klein und Groß mit immer neuen Ideen an. Der Gebäudekomplex beinhaltet auch das Bodensee-Naturmuseum, das sich als »Fenster zum See« versteht und die Entstehung des Bodensees thematisiert.

Den Übergang zwischen Deutschland und der Schweiz direkt am Seeufer markiert eine **Kunstgrenze** ➡ aF4 mit abstrakten bis zu acht Meter roten Skulpturen, die mit viel Abstand entlang der senkrecht auf den See zulaufenden Grenze aufgestellt wurden und ein Miteinander symbolisieren. Hinter dem geschäftigen Konstanz beginnt das verträumte Kreuzlingen mit dem grünen Abschnitt um Schloss Seeburg und dem Seemuseum, das das Bodensee-Naturmuseum in Konstanz ergänzt.

Westlich der Altstadt schließt sich der Stadtteil **Paradies** ➡ aD/aE2 auf dem Gebiet eines einstigen Fischerdorfs an. Der Name geht auf ein Clarissenkloster aus dem 12. Jahrhundert zurück. Die heutige Besiedlung

Im Wollmatinger Ried zu beobachten: Schilfrohrsänger

mit Gründerzeitvillen in Historismus und Jugendstil wurde erst nach dem Bau der Lutherkirche von 1865 begonnen.

Auf der nördlichen Seite des Rheins stand die Abtei Petershausen, die ebenso wie die Altstadt auf eine mehr als tausendjährige Geschichte zurückblickt. Das Kloster wurde im 19. Jahrhundert geschlossen, geblieben ist der Name für den heutigen Stadtteil **Petershausen** ➡ D5. Hier befinden sich unter anderem das Klinikum Konstanz und das sehenswerte Archäologische Landesmuseum. Die Seestraße führt bis zur Bodensee-Therme.

Auf einem grünen Hügel liegt die **Universität Konstanz** etwas südlich der Insel Mainau. Die 1966 als Reformuniversität gegründete Hochschule zog 1972 auf das Campusgelände. Gegenwärtig sind etwa 10 000 Studenten immatrikuliert. Der Ruf der Universität gründet auf dem vergleichsweise hohen Anteil an Forschung.

Westlich der Universität liegt das Naturschutzgebiet **Wollmatinger Ried-Untersee-Gnadensee** ➡ D4/5 mit einer unberührten Sumpflandschaft, in der eine vielfältige Vogelwelt zu Hause ist. Das 767 Hektar umfassende Gebiet reicht vom westlichen Ufer in Konstanz über die Pappelallee auf die Insel Reichenau bis nach Allensbach. Das Naturschutzzentrum an der Kindlebildstraße (Nr. 87) informiert über die Möglichkeiten zur geführten Besichtigung und aktuelle Veranstaltungen.

Universität Konstanz

Reservat für gefiederte Durchreisende

Natur- und Vogelschutz im Wollmatinger Ried

Wollmatinger Ried, Baden-Württemberg

Wie klingt es eigentlich, wenn der Drosselrohrsänger während der Balz ein Weibchen anflötet? Im Wollmatinger Ried, der letzten großen ökologischen Reserve des Bodenseegebiets, kann man ihn noch hören, wenn man Glück hat. Sehen wird man auf jeden Fall die seltenen Federtiere Kolbenente, Bekassine, Zwergdommel, Prachttaucher und Meeresente. Und vielleicht auch den Steinadler, der aus den Alpen ins Ried geflogen kommt, um hier in Ruhe zu brüten. Doch manchmal kreist der gewaltige Vogel mit seinen breiten Schwingen auch ruhig über dem Ried.

Der Bodensee gehört zu den artenreichsten Gebieten Europas. Geschützt vom Nordrand der Alpen und begünstigt vom milden Seeklima leben in dieser Natur weit mehr als 350 Vogelarten. Hier wachsen mediterrane Pflanzen, darunter mehrere Orchideenarten und der Enzian. Etwa 100 000 Zugvögel halten auf ihrer Reise vom Norden in den Süden und umgekehrt Rast im Wollmatinger Ried, einer 767 Hektar großen Flachwasserzone mit riesigen Schilfwäldern, nährstoffreichen Feuchtwiesen und einem für Menschen unzugänglichen Sumpfgelände.

So hat der Bodenseeraum vor Tausenden von Jahren ausgesehen, bevor die Kultivierung an seinen Ufern einsetzte. Das Ried, nahe der Zufahrtsstraße zur Reichenau, das westlich an das Konstanzer Industriegebiet anschließt, kann nur im Rahmen einer Führung betreten werden. Der Oktober ist die beste Zeit zur Vogelbeobachtung, man sollte Fernglas, Gummistiefel und Mückenschutz nicht vergessen. Sonst muss man bei den vielen Kleinvögeln, die im Schilfgürtel ihre Heimat haben, wirklich viel Glück haben, um sie zu sehen. Wer will, der kann ehrenamtlich bei den vielen Aufgaben helfen, etwa beim Riedpflegeeinsatz oder den Bestandserhebungen.

Info: Das Wollmatinger Ried liegt ca. 5 km von Konstanz entfernt. **Info NABU Bodenseezentrum:** Am Wollmatinger Ried 20, 78479 Reichenau, Tel. (075 31) 921 66 40, www.nabu-bodenseezentrum.de, Öffnungszeiten Mo–Fr 9–12 und 14–17, April–Sept. auch Sa/So/Fei 13–15.30 Uhr, Große Riedführung (3 Std.) 1. und 3. So im Monat 8.30, April–Sept. auch Sa, Mi 16 Uhr, Teilnahme € 8, Kinder € 5. **Reisezeit:** April–Sept.

Morgenstimmung im Wollmatinger Ried.

Service-Informationen Konstanz

Tourist Information ➡ aE3
Bahnhofsplatz 43 (im Bahnhof), 78462 Konstanz
✆ (075 31) 13 30 30, www.konstanz-tourismus.de
April–Okt. Mo–Fr 9–18.30, Sa 9–16, So 10–13, Nov.–März Mo–Fr 9.30–18 Uhr

Archäologisches Landesmuseum ➡ aD3
Benediktinerplatz 5, Konstanz
✆ (075 31) 98 04-0, www.konstanz.alm-bw.de
Tägl. außer Mo 10–18 Uhr, Eintritt € 6/5
Das Museum befasst sich mit den Erfolgen der Archäologie des Bundeslands Baden-Württemberg anhand spektakulärer Funde und beschreibt den mittelalterlichen Lebensstil der Region.

Rosgartenmuseum ➡ aE3
Rosgartenstr. 3–5, Konstanz
✆ (075 31) 900-246, www.rosgartenmuseum.de
Di–Fr 10–18, Sa/So 10–17 Uhr, Eintritt € 3/1,50
Das Museum im einstigen Zunfthaus der Metzger aus dem 15. Jh. zeigt bereits seit 1870 Kunst und Kultur aus dem Bodenseeraum in gotischen Sälen mit Schwerpunkt auf dem späten Mittelalter, ergänzt um einen Erweiterungsbau mit der neueren Geschichte.

Der Laubebrunnen von Peter Lenk, ein ironischer Triumphbogen inmitten der verkehrsreichsten Durchgangsstraße

Stadtgarten mit Blick auf das Münster Unserer Lieben Frauen

Wessenberg-Galerie ➡ aE3
Wessenbergstr. 43, Konstanz
✆ (075 31) 900-921, www.konstanz.de
Di–Fr 10–18, Sa/So 10–17 Uhr, Eintritt € 3
Der letzte Verwalter des Bistums, Ignaz Heinrich von Wessenberg, vermachte nach seinem Tod 1860 eine umfangreiche Sammlung von Kupferstichen und Büchern der Stadt Konstanz, die auch seine Gemäldesammlung aus dem Bodenseeraum im Kulturzentrum öffentlich zugänglich machte.

Münster Unserer Lieben Frau ➡ aE3
Münsterplatz, Konstanz
✆ (075 31) 906 20 (Führung)
Tägl. 8–20 Uhr
Turmbesteigung Mo–Sa 10–17, So 13–17 Uhr
In der romanischen Säulenbasilika aus dem 11. Jh. sind vor allem das Chorgestühl, die Krypta und die Mauritius-Rotunde mit dem frühgotischen »Heiligen Grab« sehenswert.

Kommunales Kunst- und Kulturzentrum K9
➡ aE2
Hieronymusgasse 3, Konstanz
✆ (075 31) 167 13, www.k9-kulturzentrum.de

Der Barocksaal der einstigen Paulskirche beherbergt ein alternatives Kulturzentrum als Spielstätte für Konzerte, Partys und Kabarett.

Theater Konstanz ➡ aD3
Inselgasse 2–6, Konstanz
✆ (075 31) 900-150, www.theaterkonstanz.de
Die älteste heute noch bespielte Sprechbühne Deutschlands, 1607 als Gymnasium des Jesuitenklosters erbaut. Puppentheater wird in der Werkstatt Inselgasse aufgeführt, experimentelles Theater in der Spiegelhalle am Hafen.

Sea Life ➡ aF3
Hafenstr. 9, Konstanz
✆ (018 05) 66 69 01 01, www.visitsealife.com/konstanz
Tägl. 10–17, Aug. bis 18 Uhr
Eintritt € 18,75/14,95, online und nachmittags günstiger
Das Erlebniszentrum zeigt die interessante Unterwasserwelt von Bodensee und den Ozeanen. Die 35 Becken beherbergen mehr als 3500 Tiere, darunter Eselspinguine in einer antarktischen Anlage, Meeresschildkröten und Schwarzspitzen-Riffhaie in Glastunneln.

San Martino ➡ aE2
Bruderturmgasse 3, Konstanz
✆ (075 31) 283 56 78, www.san-martino.net
Mo 17–22, Di–Sa 11.30–14 und 17.30–23 Uhr
Vornehmes mediterranes Restaurant inmitten von alten Stadtmauern im »Roten Haus« mit eigener Lounge und Bar. Die saisonal wechselnde Abendkarte überzeugte auch den Michelin, der San Martino 2014 den ersten Stern verlieh. €€–€€€

Stromeyer – Die Bleiche ➡ aE3
Bleicherstr. 8, Konstanz
✆ (075 31) 942 28 60, www.stromeyer-die-bleiche.de
Mo–Sa ab 11, So ab 10 Uhr
Vornehmes Restaurant in einer Bleiche der einstigen Zeltfabrik mit Biergarten direkt am Rheinufer. In fünf Meter hohen, imposanten Räumlichkeiten mit französischer Bistroeinrichtung kommen vor allem regionale Gerichte mit leicht französischem Touch auf den Tisch. €€–€€€

Café Turm ➜ aE2
Hussenstr. 66, Konstanz
✆ (075 31) 222 28, www.cafe-turm.com
Tägl. 11–23.30 Uhr
Das jüngst aufwendig renovierte gutbürgerliche Bar-Restaurant am Schnetztor serviert Schnitzel in allen Größen und andere Gerichte zum Bier. Beliebt sind die Auftritte von Live-Bands am Freitag. €€

Eugens Bio.Café.Restaurant ➜ aE3
Münzgasse 1, Konstanz

In der Adventszeit sind die Einkaufsstraßen in Konstanz wunderschön geschmückt

✆ (075 31) 976 86 89, www.eugens-bio.de
Mo–Sa 8.30–23, So 10–21 Uhr
Das biozertifizierte Restaurant an der Ecke zur Marktstätte ist durch und durch auf Nachhaltigkeit eingestellt. Die Zutaten der ambitionierten Küche von Eugen Bücheler stammen aus der Region, auch die hauseigene Pâtisserie lohnt einen Besuch. €€

Hafenmeisterei ➡ aD3
Hafenstr. 8, Konstanz
✆ (075 31) 369 72 12, www.hafenmeisterei.de
Mo–Do ab 9, Fr–So ab 8 Uhr
Cooles Restaurant mit mediterran inspirierten Gerichten, serviert in verschiedenen Räumlichkeiten direkt an der Promenade mit Blick auf den Yachthafen. €€

Karma ➡ aE3
Sigismundstr. 14, Konstanz
✆ (075 31) 369 80 24, www.karma-konstanz.de
Mo–Fr 11.30–14.30 und 17.30–23, Sa 11.30–24, So 11.30–23 Uhr
Eine Einrichtung wie aus 1001 Nacht, die Küche kreuzt Indien mit einem Hauch Singapur: Das Karma ist ein gewürztes Genusserlebnis für alle Sinne. €€

Die Bahnhofsstraße ist eine beliebte Ausgehmeile

Konzilgebäude von Konstanz: Von 2014 bis 2018 feierte man hier das 600-jährige Jubiläum des Konzils

Konzil ➡ aD3
Hafenstr. 2, Konstanz
✆ (075 31) 212 21, www.konzil-konstanz.de
Tägl. 11–21.30 Uhr
Die Aussicht von der Terrasse des alten Konzilgebäudes auf die Hafenpromenade ist nicht zu toppen. Die servierten Gerichte widerlegen die Vermutung, an exponierten Plätzen würde man nicht gut speisen. €€

Wessenberg ➡ aE3
Wessenbergstr. 41, Konstanz
✆ (075 31) 91 96 64, www.wessenberg.eu
Mo–Do 9–1, Fr/Sa 9–3, So 10–18 Uhr
Moderne Crossover-Gastronomie zwischen Café und Restaurant mit eigener Weinhandlung sowie dem größten Innenhof in Konstanz, mit wechselnden Menüs und günstigem Mittagstisch. €€

Dom ➡ aE3
Brückengasse 1, Konstanz
✆ (075 31) 361 15 59, www.dom-konstanz.de
So–Do 11.15–24, Fr/Sa 11.15–1 Uhr
Modern gestaltetes Restaurant mit Cocktailbar, einladendem Ambiente und entspanntem Biergarten. Morgens gibt es ein Lachsfrühstück und andere Varianten. Hausgemachte Burger in den Größen M, L und XL können mit verschiedensten Zutaten bestellt werden. Beliebt ist auch das Felchenfilet. €–€€

Biergarten am Ausfluss des Rheins

Café und Kaufhaus Voglhaus ➡ aE3
Wessenbergstr. 8, Konstanz
✆ (075 31) 172 02, www.das-voglhaus.de
Mo–Sa 8–20, So 9.30–18 Uhr
Ungewöhnliches Café mit großem Tresen und Sitzgelegenheiten teilweise auf Bänken. Bäckerei mit leckeren Holzofenbroten und Kuchen aus Dinkelmehl. Der Eingang zum Laden liegt in der Münzgasse.

Brauhaus Joh. Albrecht ➡ aD3
Konradigasse 2, Konstanz
✆ (075 31) 250 45, www.brauhaus-joh-albrecht.de
Mo–Sa 11.30–24, So 11.30–23 Uhr
Handwerklich gebraute Biere nach Pilsner Art und Saisonbiere zu bodenständiger Küche. Montags steht Haxe satt auf dem Programm, am Dienstag eine Schnitzelparade. Ab acht Personen gibt der Braumeister eine Führung.

Weinhandlung Franz Fritz

Cheersbar ➡ aE3
Brückengasse 7, Konstanz
✆ (075 31) 804 08 42, www.cheers-konstanz.de
Tägl. 18–1, Fr bis 2, Sa bis 3 Uhr
Gemütliche Bar in der Niederburg mit fairen Preisen und freundlichem Service.

Weinhandlung Franz Fritz ➡ aD3
Niederburggasse 7, Konstanz
✆ (075 31) 213 67, www.weinhandlung-fritz.de
Mo/Di 10–13 und 15–18.30, Do/Fr 10–13 und 16–23.30, Sa 10–13 Uhr

Familiengeführtes Weinhaus im Niederburg-Viertel mit historischem Gewölbekeller und Weinstube in der ersten Etage.

Homburger & Hepp ➡ aE3
Münsterplatz 7, Konstanz
✆ (075 31) 90 81-0, www.homburger-hepp.de
Mo–Fr 9–18.30, Sa 10–16 Uhr
Die 1921 gegründete Münster-Buchhandlung präsentiert ihr Sortiment in mehreren schönen Räumen mit unterschiedlicher, jedoch immer wohnlicher Atmosphäre.

Bodensee-Therme ➡ aD7
Wilhelm-von-Scholz-Weg 2, Konstanz
✆ (075 31) 363 07-0
www.bodensee-therme-konstanz.de
Tägl. 9–22 Uhr, Tageskarte € 13/10
Eine der drei großen Thermen am Bodensee mit 33 Grad heißem Thermalwasser, einem Außenbecken mit Strömungskanal, vier verschiedenen Saunen sowie wohltuenden Wellnessangeboten. ■

Blumengeschmückt: die Konstanzer Hafenpromenade

Bodensee mit Alpenpanorama

Einmal mit dem Fahrrad rundherum: der Bodenseeradweg

Traumorte am Bodensee zu finden, ist nicht schwer. Es gibt viele tolle Ecken und Ausflugsideen rund um den größten See Deutschlands. Der ultimative Tipp lautet deshalb: Den Bodensee einfach umrunden, am besten mit dem Fahrrad. Das ist nicht nur umweltfreundlich, man kommt auf diese Weise dem See auch viel näher als mit dem Auto und erlebt ihn und seine Highlights noch viel intensiver. Die Tour ist sowohl für Einsteiger als auch für geübte Radfahrer geeignet.

Die Streckenabschnitte bei einer Radreise um den See führen größtenteils durch Weinberge, Obstplantagen, Felder und natürlich auch direkt am Ufer des Bodensees entlang. Zusätzlicher Pluspunkt: Bis auf wenige Ausnahmen fährt man nie an befahrenen Straßen entlang. Insgesamt sind es zwischen 185 Kilometer (mit Abkürzungen) und 280 Kilometer.

Durch drei Länder auf zwei Rädern: ein unvergessliches Rundum-Erlebnis

Gut zu wissen: Den Schiffsfahrplan beachten, da das Schiff von Wallhausen nur stündlich nach Überlingen verkehrt.

Start der Tour ist Konstanz. Fahrräder kann man auch problemlos in Konstanz mieten. Die gesamte Reise kann auch über einen Anbieter organisiert werden. In diesem Fall wird sogar das Gepäck von Hotel zu Hotel transportiert und alle Übernachtungen mit Frühstück sind vorab arrangiert. Das macht die Reise noch entspannter.

Die Fahrt geht durch Peterhausen, Richtung Mainaustraße nach Staad, dann an der Insel Mainau vorbei und nahe des Bodenseeufers weiter bis nach Wallhausen. Von hier kann man mit dem Schiff nach Überlingen übersetzen und sich einige Kilometer Fahrtweg sparen, denn am nördlichen Ufer kann man nicht immer direkt am See fahren und es sind einige steilere Passagen zu überwinden. Wer mag, kann sich etwas Zeit nehmen und Überlingen mit dem wunderschönen Stadtgarten und dem Münster erkunden, bevor es weiter nach Uhldingen geht. Dort sollte man nicht verpassen, das Pfahlbaumuseum zu besichtigen. Bis hierhin sind ungefähr rund drei Stunden reine Fahrzeit einzuplanen.

Tipp: (Bade-)Stopp im herrlich gelegenen, kostenlosen Strandbad in Litzelstetten oder im schönen Park von Hagenau (mit Spielplatz).

REISEBLOG
Bodensee

Zwischenstopp am Bodenseeradweg in Lindau

In Meersburg empfiehlt es sich, die wunderschöne historische Altstadt zu besichtigen. Danach geht es weiter durch die Weinberge über Hagnau nach Immenstaad.

Von Immenstaad aus ist es ratsam, wieder mit dem Schiff bis Friedrichshafen zu fahren. Natürlich kann der Abschnitt auch mit dem Rad absolviert werden, es muss dann jedoch größtenteils entlang der Straße gefahren werden.

Den Tag kann man dann, vielleicht nach einem Besuch im Zeppelin-Museum, gemütlich in Friedrichshafen ausklingen lassen, beispielsweise beim Abendessen im »s'Wirtshaus« an der Uferpromenade oder den Sonnenuntergang auf dem Aussichtsturm, dem Moleturm, genießen.

Tipp: Unbedingt auf die richtigen Bodensee-Radweg-Schilder achten, damit man nicht versehentlich auf den Hauptstraßen radeln muss. Mehrere Wege führen um den Bodensee herum, aber nicht alle am See entlang.

Es geht, wenn man erst einmal Friedrichshafen hinter sich gelassen hat, wieder durch viel Natur und Obstplantagen. Der See ist mal näher und auch mal etwas weiter weg. Der Radweg lässt einen recht entspannt nach Lindau kommen.

Von Lindau führt einen die Radrundreise schon nach kurzer Zeit auf österreichischen Boden. Direkt am See entlang geht es nach Bregenz. Eventuell bleibt auch hier Zeit für eine Stadterkundung oder sogar den Pfänder. Kaum hat man Bregenz verlassen, geht es bei Hard über den Rhein und dann durch das Naturschutzgebiet des Rheindeltas. Weiter durch Wiesen und Felder radelt man in Richtung Schweiz. Bei Gaißau wird die Grenze

Gut zu wissen: Pässe oder Ausweise nicht vergessen, damit es bei der Grenzüberfahrt keine Probleme gibt. In Österreich gilt für Kinder unter zwölf Jahren Helmpflicht.

Im Frühling blühen um den Bodensee überall die Kirschbäume

zur Schweiz passiert und man fährt am alten Rhein entlang nach Rorschach.

Am Schweizer Ufer führen einen die Wege durch viele kleine Dörfer, mal mit direktem Blick auf den See, mal etwas weiter entfernt vom Ufer. Der Weg lenkt einen an beeindruckenden Häusern vorbei. Es ist wunderbar ruhig auf diesem Streckenabschnitt des Bodensee-Radwegs. An Apfelbäumen vorbei nähert man sich dann wieder Kreuzlingen und Konstanz. Kaum ist man im Einzugsgebiet des Bodensees, wird es wieder belebter. Ein schöner Etappten-Abschluss für Familien: der Spielplatz in Kreuzlingen.

Tipp: Den Seepark in Hard (Österreich) mit Spielplatz für einen Picknick-Stopp ansteuern oder auch Stopp im Badehüsli Kesswil mit tollem Essen oder das Sonnehüsli in Moosburg mit Streichelzoo und Spielplatz zur Mittagspause.

Über verwunschene Pfade und umgestürzte Bäume:
Durch die Klingenbachschlucht bis nach Wangen wandern

Die wild-romantische Klingenbachschlucht liegt gut versteckt auf der Bodensee-Halbinsel Höri. Keine Schilder weisen auf diesen tollen Wanderweg in unmittelbarer Bodenseenähe hin. Vielleicht ist er auch deshalb bisher noch nicht überlaufen und man kann ihn in aller Ruhe genießen.

Start des Wanderwegs durch die Klingenbachschlucht ist Öhningen. An vereinzelten Stellen ist die Schlucht klein angeschrieben, doch oftmals findet man nur Hinweisschilder anderer Wanderwege. Nicht irritieren lassen und immer den gelben Pfeilen folgen, ist hier die Devise.

Es geht an ein paar Häusern vorbei und dann die Döllenstraße etwas steiler bergab. Auch wenn man sich nicht wie auf einem Wanderweg fühlt, es ist der richtige Weg. Es dauert nicht lange, dann verlässt man das Örtchen und spaziert über eine kleine Brücke hinaus Richtung Wiesen. Hier bieten sich dem Wanderer zwei Möglichkeiten: die etwas abenteuerliche Variante oder die gemütliche, entspanntere Version. Also entweder geradeaus, einen kleinen, steilen, schattigen Wiesen-Trampelpfad hinauf durch das Gestrüpp oder dem Feldweg folgend, ganz bequem einen kleinen Umweg auf breiter Ebene laufen. Egal für welchen Weg man sich entscheidet, vor dem Wald führen beide Wege wieder zusammen. Und hier ist es dann auch wieder zu finden – das Schild mit der Aufschrift »Klingenbachschlucht«. Hier ist der Beginn des eigentlichen Schluchtenwegs.

Der Weg führt erst oberhalb, dann nahezu direkt am Klingenbach entlang. Der Pfad ist größtenteils sehr schmal und immer wieder kreuzen herausstehende Wurzeln der Bäume den Weg. Auch umgestürzte Bäume oder abgebrochene Äste können hin und wieder den Weg versperren, unter denen kleine Wanderer häufig noch hindurchlaufen können. Für Kinder ist dieser verwunschene Märchenwald ein tolles Erlebnis,

Wandern durch die Klingenbachschlucht

Gut zu wissen: Auch in der Schlucht gibt es gegen Ende der Wanderung zwei Varianten. Die etwas schwierigere und längere führt geradeaus am Klingenbach entlang. Der zweite Pfad verläuft an einem Flussarm des Klingenbachs aus der Schlucht hinaus Richtung Kattenhorner Bühl.

denn es gibt viel in der Natur zu entdecken. Aber auch für Erwachsene bietet die Klingenbachschlucht eine wunderbare Kulisse.

Der komplette Weg durch die Schlucht führt über Pfade, zahlreiche – ungesicherte – Stege, Treppen und Holzstiege. Deshalb sollte man immer auf seine Schritte achten und ein Auge auf kleinere Kinder haben. An manchen Stellen fällt die Schlucht sehr steil zum Bach hin ab.

So unverhofft man kurz nach Öhningen in die Klingenbachschlucht hinein gewandert ist, so plötzlich lässt man die Schlucht auch wieder hinter sich. Zunächst wirkt der Feldweg, dem man zuerst hinauf und dann wieder hinunter folgen muss, nach den Eindrücken der Schlucht recht unspektakulär. Doch schnell bieten sich hier erste tolle Ausblicke auf den Untersee.

Tipp: Ein Picknick auf einer der Bänke mit tollem Ausblick genießen.

Dann geht es ebenerdig weiter über Wiesen durch die wunderschöne Höri-Landschaft zum Kattenhorner Bühl: ein knapp 33 Hektar großes Naturschutzgebiet mit seltenen Blumen und Pflanzen. Er liegt am Südhang des Schienerbergs und weist einen reich strukturierten Lebensraum von Streuobstbeständen, Magerwiesen, Niedermooren, Heckenzügen und Laubwäldern auf. Diese Biotopenvielfalt macht sich auch auf dem Wanderweg bemerkbar, wo man auf viele unterschiedliche Tier- und Pflanzenarten trifft. Nicht zu vergessen: Man

Wangen als Ziel der Wanderung besticht mit seinen zahlreichen Fachwerkhäusern

kann seine Blicke über den Untersee und das Schweizer Ufer schweifen lassen.

Danach geht es noch einmal durch und neben dem Wald entlang, bis man nordwestlich von Wangen wieder auf einen Feldweg wechselt. Ab hier geht es nur noch bergab, bis man letztendlich entlang der Straße nach Wangen läuft. In Wangen bietet sich wieder die Möglichkeit, am See entlang zu wandern. Je nach Kondition und Lust kann die Wanderung noch verlängert werden.

Tipp: In Wangen bei der Höri-Strandhalle befindet sich das Museum Fischerhaus. Es zeigt Fundstücke der Pfahlbausiedlung, die 1854 als erste Deutschlands entdeckt wurde. Seit 2011 gehört die Pfahlbausiedlung in Wangen-Hinterhorn zum UNESCO-Weltkulturerbe.

Fakten zur Wanderung

Eine Wanderung durch die Klingenbachschlucht und zurück über den Feldweg nach Öhningen ist an einem Vormittag zu meistern. Auch die Wanderroute weiter nach Wangen ist gut für einen Nachmittag geeignet. Außerhalb der Schlucht ist man jedoch meist der direkten Sonne ausgesetzt und es gibt wenig Schatten. Das sollte bei Wanderungen im Sommer bedacht werden.

Am einfachsten ist es, mit dem Bus 7368 nach Öhningen zu fahren und hier an der Haltestelle Linde auszusteigen. Von hier ostwärts laufen, die Hauptstraße überqueren und dem ausgeschilderten Wanderweg folgen. Es sind es nur wenige hundert Meter bis zum Schluchten-Abenteuer.

Natürlich ist es auch möglich, mit dem Auto nach Öhningen zu fahren. Hier bietet sich beispielsweise der Parkplatz am Friedhof an. Von hier läuft man in Richtung See hinunter. Dann die erste Straße links abbiegen, die Hauptstraße überqueren und den steilen Weg hinunter gehen. Dieser ist als Wanderweg gekennzeichnet, allerdings findet sich kein Hinweis auf die Klingenbachschlucht.

Klingenbachschlucht ➡ D1
78337 Öhningen
Immer geöffnet. Im Winter wird nicht geräumt.
Wegstrecke: 5,5 Kilometer (gesamt) / ca. 3,5 Kilometer (ab/bis Öhningen)
Dauer: ca. 2,5h mit laufendem Kleinkind (gesamt)/ ca. 1,5 h (ab/bis Öhningen)
Schwierigkeitsgrad: leicht

Gut zu wissen: In der Schlucht ist es generell sehr feucht, auch wenn es zuvor nicht geregnet hat. Daher unbedingt auf festes Schuhwerk achten. Vor allem bei nasser Witterung kann es schnell sehr rutschig werden.

Heute leben wieder viele Steinböcke im St. Galler Oberland

Ansiedlung von Steinböcken: Wildpark Peter und Paul

Mit dem PKW kann man direkt zum Wildpark fahren. Hier steht eine begrenzte Anzahl an kostenfreien Parkplätzen zur Verfügung.

Der Wildpark Peter und Paul ist abseits gelegen und dennoch sehr schnell und einfach vom See und der Stadt St. Gallen aus zu erreichen. Es herrscht eine wundervolle Ruhe auf dem Parkgelände. Egal ob zu zweit oder als Familie: man erlebt einen tollen, kurzweiligen Ausflug. Durch die Lage auf dem Hügel bieten sich immer wieder traumhafte Ausblicke über die Stadt und die Natur.

Am 1. Mai 1892 eröffnete der Wildpark mit 32 Tieren. Die Intention war es, wieder Steinböcke in der Region anzusiedeln, denn diese waren in der Schweiz seit langem ausgerottet. Nachdem man 1906 die ersten aus Italien geschmuggelten Kitze erhielt und aufzog, konnten 1911 die ersten Steinböcke im Weisstannental im St. Galler Oberland ausgewildert werden. Bis 1936 kamen 30 weitere Kitze, größtenteils illegal aus Italien, in den Park. Die Aufzucht war erfolgreich und mittlerweile hat sich der Steinbock wieder in der Schweiz angesiedelt.

In den vergangenen Jahren kamen immer mehr Gehege hinzu. Heute umfasst der Wildpark neben Steinböcken, Gämsen, Rot-, Sika- und Damhirschen, auch Wildschweine, Murmeltiere und jeweils ein Luchs- und Wildkatzengehege.

Alle Wege sind kinderwagen- und rollstuhltauglich. Hunde sind an der kurzen Leine erlaubt. Zum Park gehört auch ein Restaurant mit Terrasse.

Rehe im Wildpark Peter und Paul

Wildpark Peter und Paul ➡ H8
Kirchlistr. 92, 9010 St. Gallen
✆ (071) 244 51 13, www.wildpark-peterundpaul.ch
Bus 5 und 9: Sonne, danach noch etwa zehn Minuten zu Fuß zum Park
Ganzjährig geöffnet, Eintritt frei

Kugelwohl nächtigen:
Die Bubble-Hotels im Thurgau

Den Blick vom Bett aus in den Sternenhimmel und auf den Bodensee werfen – in einem Bubble-Hotel am Schweizer Ufer des Bodensees ist dies möglich. Denn in den so genannten Himmelbetten schläft man an den schönsten Orten mitten in den Thurgauer Gärten, Obsthainen und Rebbergen, über dem See und unter dem weiten Himmelszelt. Die Himmelbetten der Bubble-Hotels sind von etwa April bis Mitte Oktober an aktuell fünf Standorten im Thurgau verfügbar.

Der dem Bodensee am nächstgelegene Standort befindet sich am Arenenberg oberhalb von Ermatingen und Salenbach-Mannenstein.Die Bubble-Hotels sind speziell für Paare geeignet. Zu jeder Übernachtung gibt es neben Frühstück auch zwei E-Bikes inklusive.

Bereits am Abend fasziniert der Ausblick in und neben der Bubble. Egal ob Wolken oder sternenklar, das Bubble-Erlebnis ist etwas ganz Besonderes. Einfach nur im

Gut zu wissen: Durch die ständige Luftregulierung erzeugt die Bubble ein leises Brumm-Geräusch. Wer empfindlich ist, sollte für die Nacht Ohrstöpsel einpacken.

In der Bubble gibt es kein Bad. Die Waschräume befinden sich einige Meter entfernt im nahe gelegenen Hotel. Ebenfalls steht ein Doppelzimmer mit Bad zur Verfügung.

***Gut zu wissen:* Die Temperatur im Inneren der Bubble ist regulierbar. Auch wenn es nachts draußen sehr frisch wird, muss man in der Bubble nicht frieren.**

Bett liegen und in die Luft schauen – das Himmelszelt beobachten – ein außergewöhnliches Übernachtungserlebnis.

Ebenso ungewöhnlich ist der Morgen. Geweckt wird man durch das Zwitschern der Vögel im Baum über einem oder auch durch das Geschnatter der Enten vom See.

Einmal die Augen öffnen und man ist sofort wach, denn solch ein Rundumblick beim Aufstehen ist ungewohnt und einmalig. Dennoch hat man auch das Gefühl, hier ewig in die Decke gekuschelt liegen bleiben zu können und einfach nur auf den See zu blicken.

Definitiv ist die Bubble ein Glamping-Abenteuer. Ein richtiges – super bequemes – Bett, ein beheizter und aufrecht begehbarer großer Raum, der mit Hockern, Bistro-, und Nachttisch sowie mit batteriebetriebenen Lampen ausgestattet ist, ein privates Bad (wenn auch einige Meter entfernt) – das gibt es auf keinem Campingplatz. Die gesamte Holzeinrichtung der Bubble kommt vom Verband Schreiner Thurgau. Zudem haben die Bubble-Hotels ein spezielles Bettsystem von Leibundgut, das einen erholsamen und gesunden Schlaf verspricht. Dennoch hat die Bubble auch etwas

Die Bubble-Hotels garantieren eine Nacht der ganz besonderen Art

REISEBLOG
Bodensee

von Camping: der Weg zur Toilette/Waschgelegenheit, die Naturverbundenheit, die Frische am Morgen, wenn man die Bubble verlässt, und vor allem das spezielle Feeling.

Hotel Arenenberg ➡ D3
Arenenberg 1, 8268 Salenstein
✆ (058) 345 80 00
https://himmelbett.cloud/de/bubble-hotel.html
Apr.–Okt., Buchungsstart immer im Frühjahr

Voller Genuss für alle Sinne: Bio-Schlosshotel Wartegg

Das Schlosshotel Wartegg am westlichen Ufer des Bodensees ist, auch ohne dort zu speisen oder gar zu nächtigen, einen Ausflug wert. Hoch oben thront es über Rorschach am Berg und bietet mit seinem großen englischen Schlossgarten mit altem Baumbestand und dem vielen umliegenden Grün einen Ort der Erholung, Entspannung, Ruhe und der Weite. Der Ausblick über den See bis an das gegenüberliegende Ufer ist traumhaft.
Dennoch hat das Schlosshotel noch mehr zu bieten: einen sorgfältigen und ausgewählten Umgang mit den Speisen. Nicht umsonst nennt es sich Bio-Hotel, und das schon lange, bevor die Nachhaltigkeitswelle ins Rollen kam. Viele der Zutaten, die auf der fein ausgewählten Speisekarte zu finden sind, stammen aus dem eigenen Garten. So bieten vor allem die Kräuter, das Gemüse, Beeren und Blumen, die ganz frisch auf den Tisch kommen, den allerhöchsten Genuss. Aber auch bei allen weiteren Produkten wird auf Bioqualität und vor allem Regionalität geachtet.

Erlebnisfaktor: Für kleine Übernachtungsgäste gibt es ein riesiges Spielzimmer. Perfekten Badespaß für alle bietet die an den Schlosspark angrenzende Badebucht »Hörnlibuck« mit ihrem seichten und nur langsam abfallenden Wasser.

Gut zu wissen: Das Restaurant ist mit 13 Gault Millau Punkten ausgezeichnet und vom Michelin empfohlen.

Bio-Schlosshotel Wartegg ➡ H9
Von Blarer Weg 1, 9404 Rorschacherberg
✆ (071) 858 62 62
https://wartegg.ch/
Restaurant: Mo–Sa 7–22, So 8–22 Uhr
Warme Küche mittags von 12–13.30 (So bis 14) und abends von 18–21 Uhr. Für Gruppen auch nach Absprache möglich

Mehr Tipps zum Bodensee und anderen Destinationen finden Sie auf www.kindimgepaeck.de

Reiseregionen, Orte und Sehenswürdigkeiten

Untersee

Die Reihenfolge der Vista Points folgt dem Uferverlauf gegen den Uhrzeigersinn.

Der Untersee im Westen des Bodensees erstreckt sich von Konstanz im Osten bis zur Rheinbrücke im schweizerischen Stein am Rhein. Im Grunde genommen ist der Untersee ein eigener See, weil er mit dem Obersee lediglich durch den schmalen Rheinarm, den »Konstanzer Trichter«, verbunden ist. Der Untersee verzweigt sich in den Zeller See zwischen Radolfzell und der Halbinsel Höri, den Gnadensee zwischen Allensbach und Reichenau und den Markelfinger Winkel östlich von Radolfzell.

Das Gebiet des Untersees wurde schon früh durch die Insel Reichenau geprägt. Die größte Stadt am Untersee ist das industrielle Radolfzell mit dem einzigen markenübergreifenden Outlet Shopping Center am Bodensee. Malerischen Reiz auf Schriftsteller und Künstler übt seit jeher die Halbinsel Höri aus. Das Schweizer Ufer des Untersees erstreckt sich von der kleinen Gemeinde Gottlieben bis zum malerischen Stein am Rhein. Von dort geht es entlang des Schweizer Hochrheins zum Rheinfall, dem größten Wasserfall Europas, bis in die historischen Gassen von Schaffhausen.

Schlussstein im Münster St. Maria und Markus in Mittelzell (Insel Reichenau)

Insel Reichenau

Die mit vier Quadratkilometern größte ❷ **Insel Reichenau** ➡ D3/4 zeugt von der historischen Bedeutung der Region. Zum einen ging von den Klöstern der Insel eine frühe Kulturlandschaft aus, zum anderen pflegten die Bewohner eine vielfältige Landwirtschaft. Die 3200 Inselbewohner verteilen sich auf die drei Orte Niederzell im Nordwesten, Mittelzell im Zentrum und Oberzell im Südosten; jeder Ort besitzt eine sehenswerte romanische Kirche. Noch heute bildet die Landwirtschaft die größte Einnahmequelle der Reichenau, vor allem heimische Gemüsesorten werden ins süddeutsche Umland exportiert.

»*Schwimmendes*« *Kleinod im Bodensee*

KLOSTERINSEL REICHENAU

Reichenau, Baden-Württemberg

Die Fruchtbarkeit der Insel ist legendär, doch waren es nicht die hier aufs Prächtigste gedeihenden Salate und Gurken, die im Jahr 2000 die Aufnahme der Klosterinsel Reichenau in die Liste des UNESCO-Weltkulturerbes bewirkten; von universaler Bedeutung ist vielmehr das einzigartige Ensemble romanischer Kirchen- und Klosterbauten nebst den berühmten Prachthandschriften der Reichenauer Malerschule.

Als der heilige Pirmin die Reichenau 724 erstmals betrat und das Kloster gründete, war die Bodenseeinsel ein unwirtlicher Urwald, voller Schlangen, Kröten und Insekten. Dort, wo er seinen Fuß das erste Mal auf die Insel setzte, soll sich aber eine Quelle gebildet haben, und innerhalb von drei Tagen floh das Ungeziefer und die Blütezeit der Reichenau begann.

Um 900 entstand die dreischiffige Basilika St. Georg auf einem kleinen Hügel nahe der Ostspitze der Insel in Reichenau-Oberzell. Dort wurden Reliquien des heiligen Georg aufbewahrt. Einzigartig sind die gut erhaltenen romanischen Fresken an den Längsseiten des Langhauses sowie an der Nord- und der Südwand mit Szenen aus dem Leben Christi. St. Peter und Paul, die romanische Säulenbasilika mit schöner Ostturmfassade in Reichenau-Niederzell, wurde Mitte des 18. Jahrhunderts im Stil des Rokoko umgestaltet. Eindrucksvoll ist das Apsisgemälde aus dem späten 11. Jahrhundert.

Zwischen beiden steht erhaben die Kirche des Klosters St. Maria und Markus in Reichenau-Mittelzell. Neben St. Gallen und Fulda zählte das Benediktinerkloster Reichenau zu den bedeutendsten Klöstern aus karolingischer Zeit. Bereits bei seiner Gründung genoss es die Unterstützung der fränkischen Hausmeier, später der karolingischen und ottonischen Könige. So bedeutende Werke wie der St. Galler Klosterplan (frühes 9. Jahrhundert) oder das Evangeliar Kaiser Ottos III. (um 1000) sind aus der Reichenauer Schreib- und Malerschule hervorgegangen. Sie waren prägend für den Kunstgeschmack ihrer Zeit.

Eine der drei romanischen Kirchen auf der Bodenseeinsel Reichenau: die Basilika St. Georg in Oberzell.

Vier Museumsbauten bilden heute mit den drei Kirchen ein modernes Informationsnetzwerk über die Reichenau. Die Geschichte der Insel, das traditionelle Brauchtum und selbstverständlich die Reichenauer Malerschule – über alles kann der Besucher sich ein Bild machen.

Neben der Landwirtschaft ist die Haupteinnahmequelle der Insel der Tourismus. Und ein Besuch auf der Reichenau bietet sich zu jeder Jahreszeit an. Nach der Kultur kann bei erholsamen Spaziergängen die Natur genossen werden.

INFO: Reichenau ist eine Insel im Bodensee. **INFO REICHENAU:** Tourist Information, Pirminstr. 145, 78479 Reichenau, Tel. (075 34) 92 07-0, www.reichenau-tourismus.de.

Das illuminierte »Evangeliar Kaiser Ottos III.« (um 1000) von der Klosterinsel Reichenau zählt zum UNESCO-Weltkulturerbe

Die Geschichte der Reichenau geht auf das Jahr 724 zurück, als Bischof Pirmin unter Förderung alemannischer Fürsten ein Benediktinerkloster gründete, das um die Jahrtausendwende um wichtige Reliquien wie die Gebeine des heiligen Markus bereichert wurde. In der karolingisch-ottonischen Epoche (8.–11. Jh.) entwickelte sich die Reichenau zu einem kulturellen und geistigen Zentrum des Abendlands. Diese Bedeutung würdigte die UNESCO im Jahr 2000 und nahm das im 18. Jahrhundert aufgelöste **Kloster Reichenau** in die Liste des Weltkulturerbes auf. Seit 2001 leben wieder Benediktiner auf der Insel.

Wer die Insel besucht, befindet sich gleich nach Verlassen der Pappelallee auf dem Damm inmitten eines florierenden Gebiets des Gemüse- und Obstanbaus. Wanderer begeben sich auf den etwa zehn Kilometer langen Weg entlang des Ufers und genießen die Aussicht auf die Halbinsel Höri auf der deutschen Seite und die kleinen schweizerischen Orte Gottlieben und Ermatingen.

Tourist Information ➡ D3
Pirminstr. 145, 78479 Reichenau-Mittelzell
✆ (075 34) 92 07-0, www.reichenau-tourismus.de
Mai–Sept. Mo–Fr 9–18, Sa 10–14,
Okt.–April Mo–Fr 9–17, Nov.–März Mo–Fr 9–16 Uhr

Museum Reichenau ➡ D3
Ergat 1 und 3, Reichenau-Mittelzell
✆ (075 34) 99 93 21, www.museumreichenau.de
April–Okt. tägl. 10.30–16.30, Juli/Aug. bis 17.30, Nov.–März Sa/So 14–17 Uhr, Eintritt € 3/1,50
Das Museum im alten Rathaus, einem der ältesten Fachwerkhäuser Süddeutschlands, informiert über die kulturhistorische Bedeutung der Klosterinsel sowie das Leben und Arbeiten auf der Reichenau. Drei moderne Gebäude neben dem Haupthaus beziehen auch die Kirchen von Niederzell und Oberzell ein.

Die beiden Kirchenpatrone des Münsters in Mittelzell: Maria und der Evangelist Markus

Münster St. Maria und Markus ➡ D4
Münsterplatz 4, Reichenau-Mittelzell
April–Sept. tägl. außer So 10–12 und 15–17 Uhr (Schatzkammer), Eintritt € 2 (Schatzkammer)
Die größte der drei romanischen Kirchen aus dem Jahr

UNESCO-Weltkulturerbe: die ottonischen Wandmalereien an der Nordwand der Stiftskirche St. Georg nahe der Ostspitze der Insel Reichenau

816, einst Abteikirche des Benediktinerklosters, dient heute als katholische Pfarrkirche. Bis ins 15. Jahrhundert wurde sie regelmäßig umgebaut und um einen spätgotischen Chor und Altäre der Seitenschiffe ergänzt. Auch wenn zahlreiche wertvolle Gegenstände der Reichenauer Abtei auf andere Gotteshäuser aufgeteilt wurden, verfügt die Schatzkammer des Münsters über sehenswerte Exponate. Hinter dem Münster liegt ein originalgetreu rekonstruierter Kräutergarten.

Stiftskirche St. Georg ➡ D4
Seestr. 4, Reichenau-Oberzell
Die um 900 erbaute spätkarolingische Basilika umfasst drei niedrige Kirchenschiffe, besonders sehenswert sind die Wandgemälde mit Szenen aus dem Leben Christi vom 10./11. Jh. Der Name der Kirche geht auf ein Stück vom Haupt des hl. Georg zurück, das der Reichenauer Abt Hatto III. als Reliquie in Rom erhielt.

Stiftskirche St. Peter und Paul ➡ D3
Eginostr. 12, Reichenau-Niederzell
Bereits im Jahr 799 wurde hier die erste Peterskirche eingeweiht. Die heutige Säulenbasilika entstand im 11. Jh. auf den alten Fundamenten in gleichem Ausmaß, das Interieur wurde im 18. Jh. im Rokoko-Stil umgestaltet und um sehenswerte neobarocke Deckengemälde erweitert. Seltener besucht als andere strahlt die Stiftskirche einen Hauch besinnlicher Atmosphäre aus.

Apsisfresken des späten 11. Jahrhunderts in der Stiftskirche St. Peter und Paul (Reichenau-Niederzell)

Küferstüble ➡ D3
Spiegelberg 17, Reichenau-Mittelzell
✆ (075 34) 555, www.kueferstueble.de
Tägl. außer Di ab 17.30 Uhr
Gemütliche Weinstube mit Kachelofen und idyllischem Obstgarten. Flammkuchen und kleine Speisen. €

Bei Riebels ➡ D3
Seestr. 13, Reichenau-Oberzell
✆ (075 34) 76 63, www.reichenauer-fischhandlung.de
Tägl. 11.30–19 Uhr
Beliebtes Imbiss-Restaurant mit eigener Fischerei und Fischhandlung – frischer geht nicht. €

Allensbach ➡ D4
Seinen Bekanntheitsgrad verdankt Allensbach (7100 Einw.) dem Institut für Demoskopie, dem ältesten deutschen Meinungsforschungsinstitut. Der Ort ist durchaus sehenswert und bietet einen guten Ausgangspunkt für Ferien am Untersee und außerdem das wärmste Wasser am Bodensee. Von Allensbach hat man eine tolle Sicht auf die Insel Reichenau, die auch per Boot erreicht werden kann. Von kultureller Bedeutung ist vor allem das Festival »Jazz am See«.

Blick über die Dächer von Allensbach zur Insel Reichenau

Mit dem Boot erreicht man von Allensbach die Insel Reichenau

Tourist Information ➡ D4
Konstanzer Str. 12, 78476 Allensbach
✆ (075 33) 801 35, www.allensbach.de
Juni–Sept. Mo–Fr 9–18, Sa 10–13, Okt.–Mai Mo–Fr 9–12 und 14–17 Uhr

Heimatmuseum ➡ D4
Rathausplatz 2, Allensbach
✆ (075 33) 69 06, www.museum-allensbach.de
Mitte Mai–Mitte Okt. Di 17—19, Sa 10–12, Juli/Aug. auch Do 10–12 Uhr, Eintritt frei
Das in einem flachen Fachwerkhaus untergebrachte Heimatmuseum neben der Pfarrkirche St. Nikolaus berichtet über Funde aus der Jungsteinzeit bis ins 20. Jh.

Alet Stüble ➡ D4
Konstanzer Str. 7, Allensbach
✆ (075 33) 21 99, www.alet-stueble.de
Mi–So 11–14 und ab 17 Uhr
Regionale gutbürgerliche Küche im alten Fachwerkhaus gegenüber dem Bahnhof, in dem auch schon Graf Zeppelin einkehrte. Täglich wechselnde Menüs und badische Weine. €–€€

Wild- und Freizeitpark ➡ C3
Gemeinmärk 7, Allensbach
✆ (075 33) 93 16 19, www.wildundfreizeitpark.de
Tägl. Mai–Sept. 9–17, Okt.–April 10–17 Uhr
Eintritt € 10/8

Das 75 ha große Naturareal ist ein Erlebnis für Groß und Klein. Es umfasst ein weitläufiges Paradies mit etwa 300 Wildtieren in riesigen Freigehegen. Die Pflanzenvielfalt mit ca. 600 verschiedenen heimischen Arten beeindruckt ebenso wie die Fahrt mit der Wildparkbahn oder dem Nautic Jet.

☒ **Hotel Schloss Freudental** ➡ D4
Schlossstr. 1, 78476 Allensbach-Freudental
✆ (075 33) 949 11 00, www.schloss-freudental.de
Schloss Freudental zählt zu den schönsten Barockschlössern am Bodensee. Das an einmaliger Lage mit Blick auf die österreichischen und Schweizer Alpen gelegene Hotel bietet Ferienaufenthalte in idyllischer Ruhe an. Es eignet sich zudem hervorragend für Geburtstags- und Hochzeitsfeiern.

Radolfzell ➡ C2/3
Zwischen dem Bodanrück und der Halbinsel Höri, am Zeller See, einem Ausläufer des Untersees, liegt Radolfzell (31 000 Einw.) besonders reizvoll. Bekannt ist die Große Kreisstadt auch als Standort des Textilherstellers Schiesser und als Einkaufsparadies mit dem einzigen **Factory Outlet Center** am Bodensee. Radolfzell bemüht sich seit Jahrzehnten um den Ruf einer ökologischen Stadt und erhielt bereits 1990 den Titel der Bundesumwelthauptstadt.

Das spätgotische **Münster Unserer Lieben Frau** mit der barocken Gewölbedecke im Kirchenschiff prägt das Bild der hübschen Altstadt. Gründung und Name der Stadt gehen auf den Vorgängerbau aus dem 9. Jahrhundert zurück, dessen Errichtung Bischof Radolf von Verona anordnete. Barocke Bürgerhäuser umgeben den Münsterplatz. Auffallend sind vor allem das **Rathaus** von 1848 und das **Österreichische Schlösschen** von 1619, das heute die Stadtbibliothek beherbergt. Östlich des Zentrums erstreckt sich die 3,5 Kilometer lange **Halbinsel Mettnau**, deren vorderer Teil von Kuranlagen und einer Klinik geprägt wird. Der hintere Teil steht mit seinen 140 Hektar seit 1926 unter Naturschutz, ein Naturpfad führt durch Flora und Fauna.

🛈 **Tourist Information** ➡ C2
Bahnhofplatz 2, 78315 Radolfzell

Schloss Freudental auf dem Bodanrück an einem Herbstmorgen

✆ (077 32) 815 00, www.radolfzell-tourismus.de
Mai–Sept. Mo–Fr 9–18, Sa/So 10–13, Okt.–April Mo–Fr 10–13 und 14–17, Sa 10–13 Uhr

Stadtmuseum ➡ C2
Seetorstr. 3, Radolfzell
✆ (077 32) 815 30, www.radolfzell.de/stadtmuseum
Tägl. außer Mo 11–17 Uhr, Eintritt € 5/2
Das Museum in der alten Stadtapotheke zeigt die Kulturgeschichte der Stadt Radolfzell sowie eine sehenswerte Apothekenausstattung.

Liesele ➡ C2
Höllstr. 3, Radolfzell
✆ (077 32) 97 22 15, www.liesele.de
Tägl. 11.30–22 Uhr
Seit über 25 Jahren sorgt Familie Allinger mit »Omas Küche« im Liesele für Erinnerungen an die bodenständigen Lieblingsgerichte aus der Kindheit und Großmutters Kochkünste. €€

Strandcafé Mettnau ➡ C3
Strandbadstr. 102, Radolfzell
✆ (077 32) 16 50, www.strandcafe-mettnau.de

Radolfzell im Sonnenuntergangslicht

Halbinsel Mettnau bei Radolfzell

April–Okt. ab 9, Nov.–März ab 11 Uhr
Eine tolle Aussicht auf den Zellersee bietet die Seeterrasse des Strandcafés ganz hinten auf der Mettnau. €€

Seemaxx Factory Outlet Center ➡ C2
Schützenstr. 50, Radolfzell
✆ (077 32) 94 09 99-30, www.seemaxx.de
Mo–Fr 10–19, Sa 9.30–19 Uhr
Großes Einkaufszentrum mit Fabrikverkauf der Marken Schiesser, Tommy Hilfiger, Pierre Cardin, Levi's & Co.

Bora-Sauna ➡ C2
Karl-Wolf-Str. 33, Radolfzell
✆ (077 32) 940 63 30, www.bora-sauna.de
Mo–Sa 10–23, So 10–22 Uhr, Tageskarte Mo–Fr € 26, Sa/So € 30, Abendkarten günstiger
Textilfreie Saunaoase mitten im Naturschutzgebiet mit Erdsauna, Kelosauna und Rauchsauna, ergänzt um Wellnessangebote und Massagen.

Moos ➡ C2
Der kleine Ort (3200 Einw.) mit Fachwerkhäusern und altem Torkelgebäude liegt am westlichsten Punkt des Zellersees zwischen der Höri-Halbinsel und Radolfzell. Auffallend sind vor allem die Pappelallee auf dem Weg nach Radolfzell sowie der 18 Meter hohe Solarturm nach einem Entwurf von Ruth Anton, der den Hafen von Moos mit Strom versorgt. Der größte Teil der Umgebung entlang des mit Infotafeln versehenen Bodenseepfads steht unter Schutz. (Infos: www.moos.de)

Hafen mit Solarturm in Moos

Gasthaus Grüner Baum ➡ C2
Radolfzeller Str. 4, Moos
✆ (077 32) 540 77, www.gruenerbaum-moos.de
Fr–Di 12–13.30 und 18–21.30 Uhr
Der seit 1873 bestehende Gasthof ist vor allem für seine Fischsuppen und die lecker zubereiteten Bodenseefische bekannt. €€–€€€

Halbinsel Höri mit Gaienhofen ➡ D2/3
Künstler und Schriftsteller entdeckten zu Beginn des 20. Jahrhunderts die malerische Halbinsel entlang Untersee und Zellersee als Rückzugsgebiet. Die weite Sicht vom hügeligen Gelände rund um den Schiener Berg auf den Bodanrück und den See hat eine entspannende Wirkung. Die bekannteste Gemeinde auf der Höri ist Gaienhofen, das aus vier selbstständigen Dörfern besteht. Die bekanntesten Persönlichkeiten sind zweifelsohne der Dichter Hermann Hesse und der Maler Otto Dix, über deren Spuren auf der Halbinsel zahlreiche Museen berichten.

Hermann-Hesse-Statue in Gaienhofen

Tourist Information/Kultur- und Gästebüro ➡ D2/3
Im Kohlgarten 1, 78343 Gaienhofen
✆ (077 35) 99 99-123, www.gaienhofen.de
Juli–Sept. Mo–Fr 8–12 und 13–16, Sa 9–13, Okt.–Juni Mo–Do 8–12 und 14–16, Fr 8–12 Uhr

Hesse Museum Gaienhofen ➡ D2/3
Kapellenstr. 8, Gaienhofen

Kirche von Gaienhofen

✆ (077 35) 44 09 49, www.hesse-museum-gaienhofen.de
Mitte März–Okt. Di–So 10–17, Nov.–Mitte März Fr/Sa 14–17, So 10–17 Uhr, Eintritt € 6/4
Das literarische Leben von Hermann Hesse und anderen Schriftstellern thematisiert das schräg gegenüber dem Höri-Museum gelegene Bauernhaus aus dem 18. Jh., in dem der Dichter von 1904 bis 1907 lebte. Den hier ausgestellten Schreibtisch nahm Hesse später in weitere Wohnorte mit.

Mia- und Hermann-Hesse-Haus ➡ D2/3
Hermann-Hesse-Weg 2, Gaienhofen
✆ (077 35) 44 06 53, www.hermann-hesse-haus.de
Führungen gelegentlich Sa 16 Uhr, Eintritt € 9

In einem Bauernhaus des 18. Jahrhunderts: das Hesse Museum in Gaienhofen

Blick auf die Höri mit Gaienhofen

Nach seinen ersten Jahren in dem jetzigen Hesse Museum baute Hermann Hesse für seine Familie ein eigenes Haus, in dem er vor seinem Umzug nach Bern von 1907 bis 1912 wohnte. Das im Sinne des Denkmalschutzes restaurierte Haus kann nach Voranmeldung besichtigt werden.

Museum Haus Dix ➡ D2
Otto-Dix-Weg 6, Gaienhofen-Hemmenhofen
✆ (077 35) 93 71 60, www.museum-haus-dix.de
April–Okt. tägl. außer Mo 11–18 Uhr, Eintritt € 6/4
Der Maler zog 1936 in das für ihn erbaute Haus und schuf hier den Großteil seiner künstlerischen Werke bis zu seinem Tode 1969. Zahlreiche Wechselausstellungen. Die Ausstellung gehört seit 2013 zum Kustmuseum Stuttgart.

Hirschen ➡ D3
Kirchgasse 1, Gaienhofen-Horn
✆ (077 35) 93 38-0
www.restauranthirschen-gaienhofen.de
Tägl. 10–1 Uhr
Romantisches Hotelrestaurant mit einem der schönsten Gärten am Bodensee und regelmäßigen Musikabenden. Spezialität sind Fleischgerichte und Vegetarisches aus Dinkel. €€

Mittelalter mit Aussicht

HOHENTWIEL

Baden-Württemberg

Schon von Weitem sichtbar ist der freistehende Vulkankegel, der sich am Rande von Singen erhebt. Hohentwiel heißt der fast 700 Meter hohe Hausberg der Stadt – und er zählt zu den sonnenreichsten Orten Deutschlands. Aber nicht nur das: Auf seiner Kuppe thront eine der größten Festungsruinen des Landes. Wer das neun Hektar große Areal durchschreitet, kann den Atem der Geschichte spüren und kommt zudem in den Genuss einer spektakulären Aussicht. Auf dem Hohentwiel liegt einem der Bodensee zu Füßen und der Blick schweift über die sanften Hügel des Hegaus bis zu den Schweizer Alpen am Horizont.

Die ersten, die sich 914 auf dem Hohentwiel eine Burg zur Verteidigung errichteten, waren die Herzöge von Schwaben. Herzog Burkhard III. (954–973) baute die Anlage auf dem Berg Twiel zur Residenz und zu einem glanzvollen Herrschaftszentrum aus. Im Laufe der folgenden Jahrhunderte wechselten die Besitzer.

Im Jahr 1521 ging die wehrhafte Anlage in den Besitz eines Württemberger Herzogs über. Dieser hatte sich das Nutzungsrecht nicht erkämpft, sondern redlich erworben. Während des Dreißigjährigen Kriegs wurde die Festung mehrmals belagert – immer jedoch ohne Erfolg. Das Ende kam erst mit Napoleons zerstörerischem Treiben: Im Jahr 1800, als eine Division des französischen Heeres vor den Toren stand, gaben die Herren von Hohentwiel ihre Festung kampflos auf, obwohl sie eigentlich als uneinnehmbar galt. Anschließend wurde das jahrhundertealte Bauwerk von Napoleons Männern gesprengt.

Festungsruine im Hegau: Hohentwiel.

Heute zieht die Ruine mit ihren Verteidigungsmauern, Turmstümpfen und verwaisten Gebäudeteilen Burgen- und Mittelalterfans in ihren Bann. Besonders groß ist der Ansturm im Juli, wenn auf dem Berg ein Festival mit Konzerten, Theater- und Kleinkunstdarbietungen gefeiert wird.

Der steil aufragende Fels des Hohentwiel ist aus einem vor neun Millionen Jahren existierenden Vulkan entstanden. Seine über 100 Hektar große, unter Naturschutz stehende Fläche beherbergt zahlreiche seltene Tier- und Pflanzenarten. Deshalb müssen Autos unten auf dem Parkplatz bleiben. Der Aufstieg zum Gipfel dauert etwa eine halbe Stunde.

INFO: Singen liegt 30 km von Konstanz entfernt. **INFO HOHENTWIEL:** Auf dem Hohentwiel 2 A, 78224 Singen, Tel. (077 31) 691 78, www.festungsruine-hohentwiel.de, Öffnungszeiten tägl. April–Mitte Sept. 9–19.30, Mitte Sept.–Okt. 10–18, Nov.–März 10–16 Uhr, Eintritt € 4,50, ermäßigt € 2,30, Führungen April–Okt. So/Fei 11 und 14 Uhr.

Überlinger See

Die Reihenfolge der Vista Points folgt dem Uferverlauf gegen den Uhrzeigersinn.

Den nordwestlichen Teil des Bodensees bildet ein Ausläufer, der etwa bei Meersburg beginnt und bis Ludwigshafen reicht und eine Reihe interessanter Highlights bietet. Zunächst einmal die überraschend mediterrane Stadt Überlingen als Namensgeberin mit ihrer langen Seepromenade. Wer hübsche Städte mag, wird auch in Meersburg einkehren, bekannt vor allem durch die älteste bewohnte Burg Deutschlands, auf der schon die Dichterin Annette von Droste-Hülshoff lebte. Im Hinterland lohnen Ausflüge zum Klosterdorf Salem und dem Luftheilkurort Heiligenberg.

Vor allem historische Plätze sind am Überlinger See zu finden: die Pfahlbauten in Uhldingen-Mühlhofen können im Erlebnismuseum begangen werden und stehen seit 2011 auf der Liste des UNESCO-Weltkulturerbes. Der Name des Bodensees geht auf den Ort Bodman zurück, der bereits im 9. Jahrhundert von den Karolingern besiedelt wurde.

3 Insel Mainau ➡ D5

Die im Nordosten von Konstanz am Überlinger See gelegene Insel ist vor allem als »Blumeninsel« ein beliebtes Ausflugsziel. Die drittgrößte aller Bodensee-Inseln gehört der Grafenfamilie Bernadotte, die im dreiflügeligen Barockschloss aus der Mitte des 18. Jahrhunderts residiert. Aus derselben Zeit stammt die Schlosskirche St.-Marien.

Nach häufigem Eigentümerwechsel und teilweiser Verwilderung wandelte der inzwischen verstorbene schwedische Prinz Lennart Bernadotte die Insel zu einem Blumenparadies um. Das Blumenjahr beginnt traditionell mit einer Orchideenschau im Palmenhaus. Der Rosengarten umfasst rund 1100 Sorten, dazu gedeihen Tausende Tulpen und Narzissen. Der farbenfrohe Herbst beginnt mit der Dahlienblüte im Ufergarten. Kinder freuen sich über Attraktionen wie Streichelzoo und Zaubergarten. Die Insel Mainau hat sich auch unter der neuen Leitung von Gräfin Bettina Bernadotte

Rosengarten auf der Mainau

INSEL MAINAU

Mainau, Baden-Württemberg

Das Mittelmeer fängt am Bodensee an. Palmen, Agaven, Bougainvilleen und Zypressen säumen Straßen, Plätze und Gärten. Dazwischen ein wahres Blütenmeer an saisonaler Blumenpracht. Ein Paradies und ein Ort der Liebe, der durch wahrhaft königliche Hände geformt wurde.

Als Graf Lennart Bernadotte, Enkel König Gustavs V. von Schweden, seinem Herzen folgte und 1932 eine Bürgerliche heiratete, verlor er damit alle Titel und Ansprüche. Zusammen mit seiner großen Liebe zog er auf die Mainau, die sich seit 1928 in schwedischem Besitz befand. Sein Hobby: Blumen. Konsequent gestaltete er die botanischen Anlagen, die schon im 19. Jahrhundert von Großherzog Friedrich I. entworfen wurden, um und ergänzte sie. Mehr als 500 verschiedene Baumarten gibt es heute im Arboretum, dem Baumpark auf der Mainau, darunter Zedern, Pinien und Küstenrotholz, eine amerikanische Baumart, die hier erstmals außerhalb Amerikas ein neues Zuhause fand. Besonders eindrucksvoll ist die italienische Blumentreppe, die nach dem Vorbild italienischer Renaissancegärten gestaltet wurde. Die fantasievolle Wasserkaskade wird umrahmt von leuchtenden Fuchsien und sattgrün schimmernden Koniferen. Im Schmetterlingshaus mit anschließendem Duftgarten durchlaufen Besucher den Lebensraum dieser filigranen Tiere, die frei herumflattern.

Das Deutschordenschloss an der südlichen Spitze der Mainau ist noch heute Sitz der Familie Bernadotte. Direkt daneben befindet sich die Schlosskirche St. Marien, die mit ihren barocken Fresken, Skulpturen und Stuckverzierungen einen Besuch wert ist. Zu Füßen des Schlosses am Ufer des Bodensees liegt der imposante mittelalterliche Comtu-rey-Turm. In seinem Kellergewölbe ist nicht

Blütenpracht auf der Bodensee-Insel Mainau.

nur das 25 000 Liter fassende Zehntfass aus der Zeit des Deutschritterordens zu bestaunen, im Restaurant Comturey lässt es sich im mediterranen Ambiente auch hervorragend regional speisen.

Die Insel Mainau ist heute übrigens ein privatwirtschaftlich geführtes Unternehmen in Form einer GmbH mit 150 Angestellten. In der Blütezeit von April bis September werden sogar 300 Mitarbeiter beschäftigt.

INFO: Mainau ist eine Insel im Bodensee. **INFO INSEL MAINAU:** Info-Center Insel Mainau GmbH, 78465 Mainau, Tel. (075 31) 30 30, www.mainau.de, Öffnungszeiten der Insel ganzjährig von Sonnenauf- bis Sonnenuntergang, Eintritt Mitte März–Ende Okt. € 21,50, Schüler € 12,50, Ende Okt.–Mitte März € 10,50, Schüler € 6,50, bis 12 J. frei. Seminare: Mainau bietet verschiedene Seminare für Naturfreunde und Hobbygärtner. **REISEZEIT:** April–Sept.

Blick aus der Luft auf die Insel Mainau

nicht in einen Freizeitpark verwandelt, sondern ist dem Image der Blumeninsel treu geblieben.

Insel Mainau ➡ D5
Insel Mainau
✆ (075 31) 303-0, www.mainau.de
Eintritt € 21,50/12,50, Familienticket € 43,50

④ Meersburg ➡ D6

Fachwerkhaus in Meersburg

Reizvoll gelegen zwischen Überlinger See und Obersee wurde hier den Überlieferungen nach bereits im 7. Jahrhundert eine Burg errichtet, die auf die Merowinger zurückgehen soll. Rund um die später »Altes Schloss« genannte Burg und das erst danach entstandene Neue Schloss entwickelte sich die heutige Barockstadt (6000 Einw.), die vor allem mit dem Aufenthalt der Dichterin Annette von Droste-Hülshoff verbunden ist und heute zu den Juwelen unter den Städten am Bodensee gehört.

Wer von Konstanz aus mit der Fähre anlegt oder vom Parkplatz aus das Zentrum von Meersburg betritt, findet mit dem **Unterstadttor** noch einen Teil der alten Stadtbefestigung. Die Unterstadtstraße führt mit kleinen Nebengassen durch den unteren Teil des Zentrums, der von zahlreichen Restaurants und romantischen Hotels gesäumt wird. Die platanenbestückte **Seepromenade** zählt zu den beliebtesten Flaniermeilen des Bodensees.

Wein statt Wasser

Unterstadt von Meersburg

Meersburg am Bodensee, Baden-Württemberg

Kleine Stadt – ganz groß! Meersburg ist ein Hingucker, es profitiert von seiner besonderen Lage in der Bodenseelandschaft. Das gefiel schon den Konstanzer Fürstbischöfen, die prachtvolle Schlossanlagen errichten ließen und der Stadt ihre barocke Silhouette gaben. An der Gestaltung war der berühmte Architekt Balthasar Neumann beteiligt. Beim Ausbau kam es aber zu einer Teilung der Stadt. Die ursprüngliche Siedlung Meersburg erhielt 1299 das Stadtrecht, durch die gleichzeitige Aufschüttung im Bodensee entstand ein neuer Stadtteil, die Unterstadt. Die beiden Teile prägen das Stadtbild auf unvergleichlich reizvolle Weise.

Die Oberstadt ist an einen steilen Rebhang gebaut, angeblich stammt die alte Burg von den Merowingern, die wuchtige mittelalterliche Anlage ist weithin zu sehen. Auch das Neue Schloss und der Altstadtkern befinden sich in der Oberstadt, dem herrschaftlichen Teil von Meersburg, die Stadttouristiker sprechen von der »Meersburger Museenlandschaft«. Um ihn herum ordnen sich in der Unterstadt verwinkelte Gässchen, gesäumt von schnuckligen Häusern aus zurückliegenden Epochen, romantische Ecken und schöne Terrassen.

Man betritt die Unterstadt durch das Unterstadttor, ein noch erhaltenes Tor der alten Stadtmauer, und ist in einer anderen Realität angekommen. Hier geht es mit einem Mal verspielter zu, es gibt eine Hafenmole und die »Magische Säule« des Bildhauers Peter Lenk. Die kontrovers aufgenommene Skulptur des Künstlers setzt bekannten Persönlichkeiten der Stadtgeschichte, etwa der Dichterin Annette von Droste-Hülshoff oder dem »Wunderarzt« Franz Anton Mesmer, Begründer der Hypnose-Therapie, ein satirisches Denkmal. Auf der Seepromenade spaziert man unter alten Platanen, bewundert das Grethaus, das seit 1984 die Jugendkunstschule beherbergt, und schaut den Booten auf dem Wasser beim Schaukeln zu. Im Sommer wird die Unterstadtstraße zur Festmeile. Höhepunkt ist das Winzerfest an einem Wochenende im Juli. Dann erfüllt sich der Traum aller Weinfreunde, wenn aus dem Weinbrunnen statt Wasser Wein fließt.

Der historische Marktplatz in Meersburg.

Wer den Weg zurück in die Oberstadt nimmt, kann im Vineum das ganze Jahr über in die Geschichte, Gegenwart und Zukunft der Weinregion Bodensee eintauchen.

Info Meersburg: Meersburg Tourismus, Kirchstr. 4, 88709 Meersburg am Bodensee, Tel. (075 32) 44 04 00, www.meersburg.de. **Info Burg:** Schlossplatz 10, Meersburg, Tel. (075 32) 80 00-0, www.burg-meersburg.de, März–Okt. tägl. 9–18.30, Nov.–Feb. tägl. 10–18 Uhr, Eintritt € 12,80, ermäßigt € 10/8. **Info Vineum:** Vorburggasse 11, 88709 Meersburg, Tel. (075 32) 44 02 60, www.vineum-bodensee.de, April–Sept. Di–So 11–18 Uhr, Eintritt € 5,50/3.

Als Oberstadt gilt der Bereich rund um das **Alte Schloss** und das **Neue Schloss**, das bis zum Obertor und dem **Staatsweingut** mit traumhafter Südhanglage reicht. Eine Reihe interessanter Museen und kleine Geschäfte bilden ein hübsches Ensemble von Fachwerkhäusern überwiegend aus dem 18. Jahrhundert. Ein Blickfang in der Oberstadt ist die Stadtkirche als Gegenpol zur spätgotischen Unterstadtkapelle.

Tourist Information ➡ bB2
Kirchstr. 4, 88709 Meersburg
✆ (075 32) 440-400, www.meersburg.de
Mo–Fr 9–12 und 14–18, Sa/So 10–14 Uhr

Bibelgalerie ➡ bB2
Kirchstr. 4, Meersburg
✆ (075 32) 53 00, www.bibelgalerie.de
März–Nov. Di–Sa 11–13 und 14–17, So 14–17 Uhr
Eintritt € 5/3
Mehr als 3000 Jahre umfassen die Stationen des Erlebnismuseums rund um die Bibel und ihre Überlieferung, untergebracht im selben Gebäude wie das Stadtmuseum.

Droste-Museum ➡ bB2
Stettener Str. 11, Meersburg
✆ (075 32) 60 88, www.fuerstenhaeusle.de
April–Okt. tägl. 10–17 Uhr, Eintritt € 5/2,50
Die aus Westfalen stammende Dichterin Annette von Droste-Hülshoff fand bei den regelmäßigen Besuchen ihrer Schwester in Meersburg eine inspirierende Kombination aus romantischer Vergangenheit und der Aussicht auf den Bodensee. Das einstige Wochenendhaus oberhalb des Zentrums in den Weinbergen dokumentiert ihr Leben und Werk. Umfangreiches Angebot für Schulklassen am Originalschauplatz.

Annette von Droste-Hülshoff

Galerie Bodenseekreis ➡ bB2
Schlossplatz 13, Meersburg
✆ (075 32) 49 41 29, www.galerie-bodenseekreis.de
April–Okt. tägl. außer Mo 11–17 Uhr, Eintritt € 4/2
Im barocken Roten Haus am Schlossplatz zeigt die Galerie Bodenseekreis überwiegend Werke der zeitgenössischen Kunst in interessanten Wechselausstellungen.

Blick über die Weinreben: Meersburg am Bodensee

Vineum Bodensee ➡ bB2
Vorburggasse 11, Meersburg
✆ (075 32) 440 26 32, www.vineum-bodensee.de
Juli–Okt. tägl. außer Mo 11–18, Nov.–Juni Sa/So 11–18 Uhr, Eintritt € 5,50/3
Im historischen Heilig-Geist-Spital aus dem 17. Jh. informiert das Vineum über die Welt des Weins am Bodensee.

Zeppelinmuseum ➡ bB2
Schlossplatz 8, Meersburg
✆ (0 75 32) 79 09, www.zeppelinmuseum.eu
Tägl. 10–18 Uhr, Eintritt € 4/2
Das kleine Museum zu Ehren des Luftschiffpioniers steht sicherlich im Schatten der größeren Sammlung in Friedrichshafen. Hier sind zahlreiche Originalexponate der Zeppeline und ihrer Reisenden aus Privatbesitz ausgestellt.

Burg Meersburg ➡ bB2
Schlossplatz 10, Meersburg
✆ (075 32) 80 00-0, www.burg-meersburg.de
Tägl. März–Okt. 9–18.30, Nov.–Feb. 10–18 Uhr

Burg Meersburg – älteste noch bewohnte Burg Deutschlands

Eintritt € 12,80/11,50
Das »Alte Schloss« aus dem 7. Jh. gilt als Deutschlands älteste noch bewohnte Burg, die meisten Gebäude entstanden jedoch erst im 16. Jh. Auffallend ist vor allem der Turm des Merowingerkönigs Dagobert. Die Dichterin Annette von Droste-Hülshoff lebte auf der Burg von 1841 bis zu ihrem Tod 1848. Kinder können sich mit Ritterkostümen verkleiden und aktiv auf historischen Spuren wandeln.

Neues Schloss ➡ bB2
Schlossplatz 12, Meersburg
✆ (075 32) 80 79 41-0, www.neues-schloss-meersburg.de
April–Okt. tägl. 9.30–18, Nov.–März Sa/So 12–17 Uhr
Eintritt € 5/2,50
Das barocke Neue Schloss wurde bis 2012 aufwendig renoviert. Die Exilresidenz der Konstanzer Fürstbischöfe beherbergt das Schlossmuseum und die städtische Galerie, es finden auch Konzerte und Kongresse statt.

Wilder Mann ➡ bB2
Bismarckplatz 2, Meersburg
✆ (075 32) 90 11, www.wilder-mann-meersburg.de
Ostern–Anfang Okt. tägl. 12–23.30 Uhr
In über 400 Jahre alten Mauern serviert das gepflegte Hotelrestaurant klassische Gerichte zu lokalen Weinen. Bei schönem Wetter lohnt sich die Terrasse direkt am Seeufer. Bekannt ist der Wilde Mann auch für seinen Rosengarten. €€€

Winzerstube zum Becher ➡ bB2
Höllgasse 4, Meersburg
✆ (075 32) 90 09, www.zumbecher.de
Tägl. außer Mo 12–14 und 17.30–21.30 Uhr
Das mit Efeu berankte Haus in der Oberstadt entwickelte sich aus einer historischen Trinkstube zu einem familiengeführten Restaurant. In holzvertäfelten Stuben werden bodenständige Gerichte für den kleinen und großen Hunger serviert. €–€€

Georg Hack ➡ bB2
Schützenstr. 1, Meersburg
✆ (075 32) 49 45-0, www.georg-hack.com
Mo–Fr 9–12 und 13.30–18, Sa 9–12.30 Uhr

Kleine Stadt ganz groß

Das Neue Schloss und der Bodenseewein

Meersburg am Bodensee, Baden-Württemberg

Das Neue Schloss von Meersburg thront an einem steilen Rebhang hoch über dem Bodensee und prägt wirkungsvoll die barocke Silhouette der 5700-Einwohner-Stadt. Der Bau diente nach seiner vorläufigen Fertigstellung durch Baumeister Christoph Gessinger 1712 als Residenz und Repräsentationsobjekt der Konstanzer Fürstbischöfe. Später gestaltete der Barockarchitekt Balthasar Neumann das Schloss mit, von ihm stammt u. a. das Treppenhaus. Die Innenausstattung ist das Werk des Kurmainzer Hofmalers Giuseppe Appiani und des Stuckateurs Carlo Pozzi. Die Räumlichkeiten mit den Möbeln, Gemälden und einigen Prunkstücken wie einem Elfenbeinpokal aus dem 18. Jahrhundert können besichtigt werden. Außerdem finden Ausstellungen, Kongresse sowie die berühmten Internationalen Schlosskonzerte statt. Highlight ist aber die Seeterrasse mit der herrlichen Aussicht auf See, Stadt und Alpenpanorama.

Das Neue Meersburger Schloss.

Oberhalb des Schlosses befinden sich die Weinberge. Der Weinbau in Meersburg ist nur dank der Wärmespeicherung des Bodensees möglich. Hier liegt beispielsweise das Weingut von Thomas Geiger. Oberhalb des Hafens ragt das imposante Gebäude des Staatsweingutes Meersburg hervor. Die typischen Rebsorten der Region sind Müller-Thurgau und Spätburgunder, beide zeichnen sich durch sehr fruchtige Aromen aus. Von Mai bis September veranstaltet der örtliche Winzerverein öffentliche Weinproben. Höhepunkte des Weinjahres sind das Winzerfest im Juli sowie das Weinfest im September. Wer eher theoretisch orientiert ist, kann sich im örtlichen Weinbaumuseum informieren. Von hier aus sollte man unbedingt noch das Wahrzeichen der Stadt besuchen, die Meersburg. Sie ist die älteste vollständig erhaltene und bewohnte Burg Deutschlands. Nicht weit befindet sich im Fürstenhäusle ein Museum über die Dichterin Annette von Droste-Hülshoff, die hier sowie in der Meersburg die letzten Jahre ihres Lebens zubrachte.

Info: Meersburg liegt zwischen Friedrichshafen und Überlingen am nördlichen Bodenseeufer, in der Nähe ist der Bodensee-Airport Friedrichshafen. **Info Neues Schloss Meersburg**: Schlossplatz 12, 88709 Meersburg am Bodensee, Tel. (075 32) 807 94 10, www.neues-schloss-meersburg.de, Öffnungszeiten: April–Okt. tägl. 9.30–18, Nov.–März Sa/So/Fei 12–17 Uhr, Eintritt € 5, ermäßigt € 2,50. **Info Staatsweingut:** Seminarstr. 6, 88709 Meersburg, Tel. (075 32) 44 670, www.staatsweingut-meersburg.de, Termine für Weinproben, Weinseminare und Führungen durch die Weinberge auf Anfrage. **Reisezeit:** Zum Weinfest im September.

Das »Haus der guten Weine« bietet seit 60 Jahren ein beeindruckendes Sortiment an regionalen und internationalen Weinen. Bemerkenswert ist die lichtdurchflutete Einrichtung.

Omas Kaufhaus ➡ bB2
Kirchstr. 1, Meersburg
✆ (075 32) 43 39 60
Tägl. 10–18.30 Uhr
Souvenirladen in einem alten Fachwerkhaus mit allerlei nostalgischen Artikeln. Im Obergeschoss zeigt eine Schauanlage die Welt des guten alten Spielzeugs.

Zierat ➡ bB2
Steiggasse 19, Meersburg
✆ (075 32) 41 45 12, www.zierat.de
Mo–Fr 10–18, Sa 10–17, So 11–17 Uhr
Ausgesuchte Kleiderstücke, Dekorations- und Einrichtungsgegenstände und Café in einem historischen Haus von 1628 mit Wohnzimmeratmosphäre.

Meersburg Therme ➡ bB2
Uferpromenade 10–12, Meersburg
✆ (075 32) 440-28 50, www.meersburg-therme.de
Mo–Do 10–22, Fr/Sa 10–23, So 9–22 Uhr
Tageskarte €14,50/11
Die mit Pfahlbauten und Saunalounge ausgestattete Therme kombiniert mediterrane Atmosphäre mit orientalischer Badekultur.

Die Seepromenade von Meersburg erfreut sich bei Besuchern und Einheimischen gleichermaßen großer Beliebtheit

Pfahlbauten in Unteruhldingen am Überlinger See

Uhldingen-Mühlhofen ➡ C6

Der zwischen Überlingen und Meersburg gelegene Ferienort (8300 Einw.) mit dem seenahen Unteruhldingen und dem oberhalb gelegenen Mühlhofen verdankt seinen Bekanntheitsgrad vor allem den 5 **Pfahlbauten**. Einst gehörte das Gebiet zur Reichsabtei Salem, mit der Aufhebung der Klöster zur Säkularisation 1804 wurden die Orte selbstständig. Einige Gebäude stammen aus der Barockzeit, so das Rathaus, die Ortskapelle und einige Gasthäuser.

🏛 5 **Pfahlbaumuseum** ➡ C6

Strandpromenade 6, Uhldingen-Mühlhofen
✆ (075 56) 886 90, www.pfahlbauten.de
März Sa/So 9–17, April–Sept. tägl. 9–18.30, Okt. tägl. 9–17 Uhr, Eintritt € 10/6

Das 1922 errichtete Freilichtmuseum in Unteruhldingen zeigt nachgebaute Pfahlbausiedlungen mit 23 Häusern aus der Stein- und Bronzezeit (4000–850 v. Chr.). Die Zeitreise in die Vergangenheit präsentiert viele Wohnstätten und Spuren von Fischern und Jägern. Seit 2011 gehören 111 prähistorische Pfahlbauten rund um die Alpen zum UNESCO-Weltkulturerbe.

PFAHLBAUMUSEUM UNTERUHLDINGEN

Unteruhldingen, Baden-Württemberg

Die Pfahlbauten von Unteruhldingen werden gern als »die Pyramiden Deutschlands« bezeichnet: Immerhin gehören die Holzbauten am Bodensee ebenso wie die Bauwerke am Nil zum Welterbe der UNESCO, und auch sie verweisen auf eine Epoche der Menschheitsgeschichte, die Jahrtausende zurückliegt.

Bereits vor 6000 Jahren siedelten sich Menschen in Mitteleuropa am Rande großer Seen an und bauten sich in der Uferregion Häuser, die sie zum Schutz vor Hochwasser auf Stelzen setzten. Der Standort hatte entscheidende Vorteile – zum einen ließ sich der Fischfang bequemer bewerkstelligen, zum anderen erleichterte er Handel und Kommunikation. Kamen Menschen aus entfernten Gegenden mit ihren Booten vorbei, so brachten sie oft Wissen und Waren mit, nützliche Werkzeuge z. B., die man gegen die eigenen Erzeugnisse tauschen konnte. Der Vergleich mit den Pyramiden hinkt allerdings: Während die Grabanlagen aus dem alten Ägypten bis heute überdauern, hielten die Pfahlbauten kaum 15 Jahre. Stürme und Nässe setzten ihnen zu; jede Generation musste sich wieder neue Behausungen aus Holz, Rinde, Zweigen und Schilf erschaffen.

Bald nachdem die wassernahen Dörfer aufgegeben wurden, weil ihren Bewohnern vor rund 2900 Jahren das Leben anderswo bequemer und sicherer erschien, versanken die Häuser im schlammigen Grund. In Unteruhldingen haben Heimatforscher in den 1920er Jahren mit Ausgrabungsarbeiten begonnen und die ersten Pfahlbauten rekonstruiert. Inzwischen stehen 23 Kopien von stein- und bronzezeitlichen Stelzenhütten am Ufer des Bodensees und geben Besuchern faszinierende Einblicke in die Gesellschaft und den Alltag dieser Menschheitsepoche. Vor wenigen Jahren wurde das archäologische Freilichtmuseum um eine Multimediaausstellung mit 360-Grad-Kinosaal erweitert. Sie nimmt Besucher mit in die Tiefe, in der die Experten auf die Jagd nach Steinzeitfunden gehen. An bestimmten Tagen gibt es spezielle Programme für Familien.

Die Bronzezeitlichen Pfahlbauten von Unteruhldingen.

Im Umfeld des Museums wurde der Zeitweg von rund zwei Kilometern Länge eingerichtet. An über 20 Stationen können die Besucher 10 000 Jahre Landschafts- und Kulturgeschichte studieren. Die Besichtigung erfolgt ohne Führung und ist vor oder nach dem Museumsbesuch sehr empfehlenswert.

INFO: Uhldingen-Mühlhofen liegt am Bodensee, 3 km westlich von Meersburg. **INFO PFAHLBAUTEN:** Strandpromenade 6, 88690 Uhldingen-Mühlhofen, Tel. (075 56) 92 89 00, www.pfahlbauten.de, Öffnungszeiten April–Sept. tägl. 9–18.30, Mitte März–31. März und Okt.–1. Nov.-Woche tägl. 9–17, 1. März–Mitte März und 2. Nov.-Woche–30. Nov. Sa/So 9–17 Uhr, 2. Nov.-Woche–Mitte März öffentliche Führung Di–Do 14 Uhr (aktuelle Zeiten online prüfen), Eintritt € 10, Kinder € 6.

Am Hafen von Unteruhldingen

Storchen ➡ C6
Aachstr. 17, Uhldingen-Mühlhofen
✆ (075 56) 65 91, www.storchen-uhldingen.de
Tägl. 7–23 Uhr
Das Hotelrestaurant in Oberuhldingen bietet vor allem Fisch- und Wildgerichte sowie einen günstigen Mittagstisch. €–€€

Uhldinger Fischtheke ➡ C6
Poststr. 8, Uhldingen-Mühlhofen
✆ (075 56) 67 62, www.uhldinger-fischtheke.de
Mo–Sa 9–19, So 10–16 Uhr
Familie Knoblauch gehört zu den traditionellen Fischereibetrieben am Untersee. €–€€

Salem ➡ C6/7
Das nach dem biblischen Wort für »Ort des Friedens« benannte Salem ist eine Zusammenlegung mehrerer Dörfer (11 300 Einw.). Sehenswert ist das überregional bekannte **Schloss Salem**.

Tourist Information ➡ C6/7
Schloss Salem, 88682 Salem
✆ (075 53) 91 77 15, www.bodensee-linzgau.de
April–Okt. Mo–Sa 9.30–18, So 10.30–17, Nov.–März Mo–Fr 9–12 Uhr

Schloss Salem ➡ C6/7
Salem

Erbe der Zisterzienser: Abteigebäude und Baumgarten von Schloss Salem

✆ (0 75 53) 916 53-36, www.salem.de
April–Okt. Mo–Sa 9.30–18, So 10.30–18, Nov.–März So 15 Uhr, Eintritt € 9/4,50
Das 1137 als Kloster des Zisterzienserordens gegründete Schloss Salem gehörte zu den reichsten Abteien am Bodensee. Ende des 17. Jh. entstand nach einem Brand die barocke Anlage rund um das spätgotische Münster. Die Gründung der Salemer Waisenkasse gilt als Vorläufer der deutschen Sparkasse. Gut 200 Jahre lang im Besitz der Markgrafen von Baden wurde das Schloss 2009 an das Land Baden-Württemberg verkauft. Interessant sind die Museen und Ausstellungen, ferner beherbergt das Gebäude eine angesehene Internatsschule.

Affenberg Salem ➡ C6/7
Mendlishauser Hof 1, Salem
✆ (075 53) 381, www.affenberg-salem.de
März–Okt. tägl. 9–18 Uhr, Eintritt € 9/6
Das mit 20 Hektar größte Affenfreigehege in Deutschland in Mendlishausen außerhalb von Salem ermöglicht den Besuchern, sich frei zwischen den 200 Berberaffen zu bewegen und sie zu füttern.

Landgasthof Schwert ➡ C6/7
Baufnang 23, Salem
✆ (075 53) 74 50, www.landgasthof-schwert.de
Di–Fr 11.30–13.30, 17–20.30, Sa 17–20.30 Uhr
Wo einst der Scharfrichter von Salem hauste, genießen Gäste heutzutage die regionale Küche in rustikalem Ambiente. €€

Reck's Hotel Restaurant ➡ C6/7
Bahnhofstr. 111, Salem
✆ (075 53) 201
www.recks-hotel.de, Fr–Di 12–14 und 18–22, Do 17–22 Uhr
Familiengeführtes Hotelrestaurant gegenüber dem Bahnhof Salem mit ambitionierter Küche aus regionalen Zutaten in schonender Zubereitung. €€

Heiligenberg ➡ B7
Hoch oben auf einem Plateau auf 726 Metern liegt das über 900 Jahre alte Heiligenberg (3000 Einw.), dessen **Schloss** bereits von weitem sichtbar ist. Die mittelgebirgsähnlichen Klimabedingungen unterscheiden sich vom Bodensee deutlich und ermöglichen im staatlich anerkannten Luftkurort im Winter einige Wintersportaktivitäten. Beliebt ist im Sommer das **Höhenfreibad** mit Blick auf die Alpen.

Schloss Heiligenberg ➡ B7
Vorhof 1, 88663 Heiligenberg
✆ (075 54) 99 83-0, www.heiligenberg.de
Führungen Ostern–Okt. tägl. außer Mo 11, 14, 15.30 Uhr, Eintritt € 10, bis 14 J. frei
Das Renaissance-Schloss der Fürsten von Fürstenberg aus dem 16. Jh. ist bis heute in Familienbesitz. Das Interieur, vor allem der prächtige Festsaal mit geschnitzter Kassettendecke, kann nur mit Führung besichtigt werden.

Seit 2013 wohnt Erbprinz Christian zu Fürstenberg im Schloss Heiligenberg

Inmitten von Weinreben: die Wallfahrtskirche Birnau

Gasthof Hosbein ➡ B7
Fürstenbergstr. 14, Heiligenberg
✆ (075 54) 271, www.gasthof-hosbein.net
Tägl. außer Mo 11.30–14 und 17.30–21 Uhr
Den traditionellen Gasthof gründete Bierbrauer Johann Hosbein bereits 1835, heute bietet das nach wie vor familiengeführte Lokal vor allem Wildgerichte aus eigener Jagd. €–€€

Birnau ➡ C5/6
Der Barock als bestimmender Architekturstil am Obersee findet in der **Basilika der heiligen Maria** seine stärkste Ausdruckskraft. Das vom See weithin sichtbare Gotteshaus entstand als Auftrag des Klosters Salem anno 1750, das prächtige Interieur sollte die Macht Gottes veranschaulichen. Der bereits im Vorgängerbau ausgestellten Marienstatue wurden Wunder nachgesagt, so entwickelte sich Birnau zu einem Wallfahrtsort.

Basilika Birnau ➡ C5
Maurach 5, Uhldingen-Mühlhofen
✆ (075 56) 920 30, www.birnau.de
Sommer tägl. 7.30–19, Winter 7.30–17 Uhr
Führungen kostenlos, vorangemeldete Gruppenführung € 3
Barocke Wallfahrtskirche.

Birnauer Oberhof ➡ C6
Oberhof 1, Uhldingen-Mühlhofen
✆ (075 56) 933 68-0, www.birnauer-oberhof.de
Tägl. 10–21 Uhr
Oberhalb der Wallfahrtskirche gelegener Gasthof mit gepflegtem Interieur und mediterran angehauchter Küche. Mit eigenem Hofladen und Verkauf edler Tropfen des Weinguts Markgraf von Baden. €€

6 Überlingen ➡ C5
Eine der ältesten Städte am Bodensee ist Überlingen (22 500 Einw.), das bereits im 7. Jahrhundert gegründet wurde und schon im Mittelalter als wichtige Handelsstadt der Region und einstiges Weinanbaugebiet zu ansehnlichem Reichtum kam. Noch im 19. Jahrhundert zählte Überlingen aufgrund seiner mediterranen Aus-

Die »Liebliche Mutter« und das Federvieh

Wallfahrtskirche St. Maria von Birnau

Uhldingen-Mühlhofen, Baden-Württemberg

Alles schön bunt hier, Rokoko in verschwenderischer Fülle, fast erdrückend. Wie haben das nur die Ziegen und das Federvieh ertragen, die 111 Jahre in der Wallfahrtskirche St. Maria eingesperrt waren, zusammen mit dem Gnadenbild der »Lieblichen Mutter von Birnau«? 1803 kam es zur Aufhebung des Klosters Salem, zu dem diese Kirche gehörte. Die Beichtstühle wurden meistbietend verkauft, die Orgel und Bilder verscherbelt. Danach wurde sie als Lagerhalle benutzt, bis Prinz Max von Baden sich 1919 erbarmte und das Gotteshaus den Zisterziensern vom Kloster Mehrau bei Bregenz schenkte. Heute gilt es als die schönste Barockkirche am Bodensee, rosa schimmernd am sonnigen Südhang des Nordufers des Überlinger Sees. Eine halbe Million Besucher kommen pro Jahr, um vor dem Gnadenbild Andacht zu halten, aber auch, um die zehn Uhren zu sehen, von denen die Monduhr die faszinierendste ist, und den »Honigschlecker«, einen kleinen, stark übergewichtigen Barockengel am Altar. Hochzeiter geben sich dort gern das Ja-Wort.

Die Kirche stand einst vier Kilometer weiter bei Nussdorf, und das über 600 Jahre. 1746 hatte der Abt des Klosters Krach mit der Stadt Überlingen. Um den Konflikt zu entschärfen, machte er kurzen Prozess und beauftragte den Architekten Peter von Thumb mit einem Neubau. Der konnte bereits 1750 eingeweiht werden. Die überprallen Ausschmückungen stammen vom Bodensee-Stuckateur und Altarbauer Josef Anton Feuchtmayer. Der Grundriss der Kirche gleicht einem T, die Turmhaube ist grün-kupfern und glänzt in der Sonne. Ein Ambiente, das viele ins Herz schließen und wiederkommen. Sie sind dem wackeren Gottesmann, der sich für den Neubau entschied, dankbar.

Info: Die Wallfahrtskirche Birnau liegt 8 km von Überlingen entfernt am Bodensee. **Info Klosterkirche Birnau:** Birnau-Maurach 5, 88690 Uhldingen-Mühlhofen, Tel. (075 56) 920 30, www.birnau.de, Öffnungszeiten tägl. 7.30–19, im Winter bis 17 Uhr. Im Sommer gibt es die Konzertreihe »Geistliche Musik Birnau«, www.birnauer-kantorei.de. **Info Uhldingen-Mühlhofen:** Tourist Information, Ehbachstr. 1, 88690 Uhldingen-Mühlhofen, Tel. (075 56) 921 60, www.uhldingen-muehlhofen.de.

Am Nordufer des Bodensees: die Wallfahrtskirche Birnau.

Schutzmantelmadonna von 1563 im Überlinger Münster St. Nikolaus

strahlung und bis zu 2000 Sonnenstunden pro Jahr eine stattliche Anzahl an Kurgästen. Die Stadt wird auch als Kneipp-Heilbad geführt, entsprechende Angebote der Kurhäuser unterstreichen die Rolle als Heilkurort.

Direkt am See liegt im Westen der Stadt zunächst die **Bodensee-Therme**, daran schließt sich eine breite Parkanlage an. Die lebendige **Seepromenade** vermittelt durch ihre Strandcafés und Palmenbepflanzung eine Mittelmeer-Atmosphäre. Markantes Bauwerk an der Promenade ist das breite **Greth-Gebäude**, ein Handelshaus aus dem späten 18. Jahrhundert, das heute eine Markthalle mit zwei Restaurants beherbergt.

Die **Mühlenstraße** ist eine kleine Flaniermeile mit vielen Restaurants und Geschäften. Von hier sind es nur ein paar Schritte zum spätgotischen **St. Nikolaus-Münster**. Die fünfschiffige Kirche wurde 1576 vollendet, an ihrer Stelle standen jedoch bereits fünf Vorgängerkirchen aus romanischen und gotischen Epochen. Der 78 Meter hohe Nordturm prägt das Überlinger Stadtbild bereits von weitem. Sehenswert ist vor allem der Hochaltar von 1616. Neben dem Münster steht das alte **Rathaus**, das 1494 und damit vor der Fertigstellung des Münsters bereits im Stil der Renaissance errichtet wurde.

Im Stadtbild sind heute noch Überreste der einstigen Stadtbefestigung zu finden, darunter das **Aufkircher Stadttor** aus dem 15. Jahrhundert. Erholung findet man in vielen Grünanlagen, etwa im westlich des Zentrums

Imposant: das ausgemalte Kreuzrippengewölbe des St. Nikolaus-Münsters in Überlingen

gelegenen Stadtgarten mit Rosengarten, im Hirschgehege oder in den Straßenzügen rund um das sehenswerte **Stadtmuseum**.

Tourist Information ➡ cC2
Landungsplatz 5, 88662 Überlingen
✆ (075 51) 947 15 22
www.ueberlingen-bodensee.de
April–Sept. Mo–Fr 9–18, Sa 9–13, Juli–Sept. auch So 10–13, Okt.–März Mo–Fr 9–12.30 und 14–16.30 Uhr

Stadtmuseum ➡ cC2
Krummebergstr. 30, Überlingen
✆ (075 51) 99 10 79
www.museum-ueberlingen.de
Di–Sa 9–12.30 und 14–17, April–Okt. auch So 10–15 Uhr
Eintritt € 5/1, bis 6 J. frei
Städtisches Museum im ältesten Renaissancepalast Deutschlands.

Städtische Galerie ➡ cC2
Seepromenade 2, Überlingen
✆ (075 51) 99 10 74, www.staedtischegalerie.de
Di–Fr 14–17, Sa/So 11–17 Uhr
Eintritt je nach Ausstellung
Im Haus »Zum faulen Pelz« aus dem 19. Jh. präsentiert die Galerie in einem ehemaligen Ballsaal Kunstausstellungen.

Dokumentationsstätte Goldbacher Stollen
➡ westl. cB1
Obere Bahnhofstr. 30, Überlingen
www.stollen-ueberlingen.de
Führung 1. Fr im Monat 17 Uhr
Eintritt frei, Spende erbeten
Unter Tage zeigt sich ein dunkles Kapitel der Geschichte: Hier wollte die NS-Führung kriegswichtige Industrie in Sicherheit bringen, Inhaftierte aus dem Konzentrationslager Dachau ließen beim Bau ihr Leben.

Bürgerbräu ➡ cB2
Aufkircher Str. 20, Überlingen
✆ (075 51) 927 40, www.buergerbraeu-ueberlingen.de
Mi–Fr 17.30–21, Sa/So 11.30–14 und 17.30–21 Uhr

Von der Therme aus hat man einen wunderschönen Blick auf den Bodensee

Das 200 Jahre alte Gasthaus im Ortsteil Aufkirch ist vor allem dank der Gourmetküche von Simon Metzler überregional bekannt. Seine geradlinige, mediterrane Küche erzielte bis zu 15 Gault-Millau-Punkte. €€€

Weinstein ➡ cC2
Münsterstr. 10, Überlingen
✆ (075 51) 947 11 04
Tägl. außer Di ab 17 Uhr
Die Weinstube mit dem Ambiente eines mittelalterlichen Kellergewölbes serviert kleine Speisen wie Flammkuchen oder Kartoffelgerichte. Geschätzt wegen ihrer Vielfalt an Weinen vom Bodensee und den Nachbarländern. €€

Café im Rathaus ➡ cC2
Münsterstr. 15–17, Überlingen
✆ (075 51) 947 12 84
www.rathauscafe-ueberlingen.de
Tägl. außer So 8.30–18.30 Uhr
In den historischen Räumen des ehrwürdigen Rathauskellers bietet das Kaffeehaus mit Ladengeschäft puren Brotgenuss und Kaffeekult. Besonders beliebt sind die eigenen Aufstriche auf Natursauerteigbrot. €

Haustierhof Reutemühle ➡ B5
Reuteweg 71, Überlingen
✆ (075 51) 97 07 85, www.haustierhof-reutemuehle.de
April–Okt. tägl. 10–20 Uhr, sonst unregelmäßig

Eintritt € 9/4,50
Der »Bodensee-Zoo« im Stadtteil Bambergen hält sich als artenreichster Bauernhof der Region. Auf einer Fläche von 50 ha liegen ökologische Landwirtschaft und ein Tierpark mit 180 Tierarten dicht beieinander, u. a. putzige Erdmännchen.

Weingut Kress ➡ cC3
Mühlbachstr. 115, Überlingen
✆ (075 51) 658 55, www.weingut-kress.de
Mo–Fr 9–12.30 und 14.30–18, Sa 10–13 Uhr
Das 25 ha umfassende Weingut der Familie Kress verkauft die Weine ab Hof. Einige Sorten konnten bereits Goldmedaillen erzielen.

Bodensee-Therme ➡ cB1
Bahnhofstr. 27, Überlingen
✆ (075 51) 301 99-0, www.bodensee-therme.de
Tägl. 10–22, Fr/Sa bis 23 Uhr, Tageskarte € 13/11
Die Überlinger Therme ist eines der drei vollumfänglichen Badeparadiese am Bodensee. Die Thermalbecken innen und außen fahren mit Wasserattraktionen für Groß und Klein auf. Verschiedene Saunen und Massagen sorgen für Entspannung.

Blühende Obstbäume bei Überlingen

Bodman-Ludwigshafen ➡ B3
Am nordwestlichen Zipfel des Überlinger Sees liegt die Doppelgemeinde Bodman-Ludwigshafen (4700 Einw.) mit den beiden sehr unterschiedlichen Ortsteilen, die nicht direkt miteinander verbunden sind. Während Bodman noch am Ausläufer des Bodanrücks liegt, gehört Ludwigshafen bereits zum Nordufer des Überlinger Sees.

Bodman wurde bereits im 9. Jahrhundert als Standort einer fränkischen Königspfalz gegründet und gab dem Bodensee seinen Namen. Schon zu prähistorischen Zeiten war das Gebiet bewohnt, wie die Pfahlbauten im Ortsteil Schachen belegen. Der Graf von und zu Bodman lebt noch heute in **Schloss Bodman** von 1832, das mit Ausnahme des Parks nicht öffentlich zugänglich ist. Noch älter ist die im 14. Jahrhundert errichtete **Ruine Alt-Bodman**, ein Aufstieg wird mit prächtiger Sicht belohnt. Der entzückende Ort Bodman bezaubert durch seine Abgeschiedenheit.

Das heutige Ludwigshafen war früher das Fischerdorf Sernatingen, das bereits im 12. Jahrhundert erwähnt wurde. Die Namensgebung erfolgte bei der Eröffnung des Hafens durch den badischen Großherzog Ludwig. Ein auffallendes Gebäude ist das einstige Zollhaus und heutige **Rathaus**. Daneben prangt seit 2008 das zehn Meter breite Tryptichon »**Ludwigs Erbe**« von Bildhauer Peter Lenk mit satirischer Anspielung auf Globalisierung und Politik. Bei gutem Wetter öffnet in der Saison am Wochenende das Café im Zollhaus.

Uferpromenade des kleinen Ortes Bodman

Tourist Information ➡ B3
Hafenstr. 5, 78351 Ludwigshafen
✆ (077 73) 93 00 40
www.bodenseepur.de
April–Nov. Mo–Fr 9–12, Do 14–17 Uhr

Torkelstube ➡ B3
Das 1772 erbaute Torkelgebäude in Bodman mit seiner großen Weinpresse zählt zu den wichtigsten Zeugen vergangener Epochen in Bodman. Derzeit im langfristigen Sanierungsumbau, um künftig wieder Gäste begrüßen zu können. €–€€

Kern's Restaurant ➡ B3
Seestr. 5, Bodman
✆ (077 33) 935 51 70
www.kerns-restaurant.de
Mi–Sa 12–22, So 11–17 Uhr
Hervorragende Steaks Wagyu Kobe Style und saisonale Gerichte im modernen Kubus mit eigener Seeterrasse. €€–€€€

Blauer Affe ➡ B3
Sernatinger Str. 16, Ludwigshafen
✆ (077 73) 93 83 73
www.blauer-affe-ludwigshafen.de
Mi–Fr 12–13.30 und ab 17, Sa ab 17, So 12–14 und ab 17 Uhr
Vielfältige Küche mit Anspruch in gemütlicher Gaststube im blau gestrichenen Gasthaus. Lecker: Ackersalat mit Speck und Kracherle oder Kalbstafelspitz mit Wasabischaum. €€

Marienschlucht ➡ C4
Ein Bach hat sich auf dem Bodanrück zwischen Bodman und Wallhausen hundert Meter tief eingegraben und somit eine Schlucht geschaffen. Seit der Erschließung durch Treppenstufen zwischen 30 Meter hohen Felswänden und den sechs Kilometer langen Wanderweg ab Bodman ist die Schlucht ein beliebtes Ausflugsziel. Die Verlobung von Maria Gräfin von Walderdorff 1897 war der Anlass für die Erschließung und Namensgebung der Schlucht. Einige Wanderwege sind wegen eines Erdrutsches voraussichtlich bis Ende 2020 gesperrt.

Die Ruine von Alt-Bodman

Eine wildromantische Erfahrung

Marienschlucht am Überlinger See

Bodman-Ludwigshafen, Baden-Württemberg

Lieblich erscheint der Bodensee. Aber das ist er nicht an seinem Steilufer am südlichen Überlinger See, der sich wie ein verirrter Arm des Gewässers in die Landschaft schiebt. Dort liegt die Marienschlucht, deren unterer Eingang aus hohen Treppenstufen besteht, sodass der Betrachter zunächst denkt, das sei nur etwas für Zeitgenossen mit alpinen Ambitionen. Doch es lohnt sich für alle, die steile Passage zu nehmen, sie macht die Schlucht in ihrer gesamten Länge erlebbar. Ein verschlungener Pfad führt zwischen 30 Meter hohen, steilen Felswänden entlang. Unter den Treppen rauscht der Bach auf seinem Weg in den See. Oberhalb der Marienschlucht liegt die wildromantische Burgruine Kargegg, die dem Besitzer der Schlucht, Wilderich Graf von und zu Bodman, gehört. Sie besteht nur noch aus einigen Mauerresten, von Pflanzen überwuchert.

Marienschlucht am Überlinger See.

Es war der Bach, der die Schlucht geschaffen hat. Über Jahrtausende hinweg hat er sich tief in den Grund eingegraben. Es ist immer feucht in der Passage, riesige Blattpflanzen wuchern, Farne mit langen Stielen. Totes Geäst verwest zwischen nassem Gestein, hüfthoch wachsen Disteln, die kleinen Schönheiten dazwischen heißen Felsennelken, Mondviolen oder Türkenbund. Scheint die Sonne nicht, hat die Marienschlucht etwas Unheimliches. Dennoch ist sie im Sommer eines der beliebtesten Wanderziele am Bodensee; begehbar ist sie seit 1897. Am Ende der Schlucht, wo der Bach in den See schießt, gibt es einen Badestrand mit einem kleinen Steg und einem Kiosk.

Man erreicht die Marienschlucht von Bodman über Langenrain (6 km) oder von Wallhausen (4 km), die markierten Wanderwege führen direkt am Seeufer entlang. Radfahrer stellen ihr Fahrzeug in Wallhausen, bei Langenrain oder Bodman ab und absolvieren den Weg durch die Schlucht zu Fuß. Auch per Schiff ist die Anreise möglich oder mit dem Kanu, das man an der Kanustation am Strandbad Wallhausen mieten kann.

Nach einem massiven Erdrutsch im Jahr 2015 sind die Schlucht sowie einige Wanderwege, die zu ihr führen, für Besucher gesperrt. Leider kann der beliebte Wanderpfad voraussichtlich frühestens im Jahr 2020 wieder geöffnet werden.

Info Marienschlucht: Die Marienschlucht liegt 15 km nördlich von Konstanz am Bodensee. www.marienschlucht.de.

Ausflugsziel:

🏛 **Fasnachtsmuseum** ➡ A2
Schloss Langenstein, Orsingen-Nenzingen, 15 km nordwestlich von Bodman-Ludwigshafen
✆ (077 32) 98 82 33, www.fasnachtsmuseum.de
März–Nov. Mi, Sa/So 13–17 Uhr Eintritt € 5/2,50
Heimat von u. a. 300 Narrenfiguren mit farbenprächtigen Gewändern und Gesichtsmasken.

Fasnacht am Bodensee

»Fasnet«, wie die Fastnacht im Schwäbisch-Alemannischen heißt, ist am Bodensee ein wichtiger Eintrag im Festkalender. Von Land zu Land sowie erst recht von Ort zu Ort wird die Fasnet verschieden begangen, die Feierlichkeiten gehen jeweils auf unterschiedliche traditionelle Ursprünge zurück.

Der erste wichtige Tag ist der Donnerstag vor Aschermittwoch, der gern »Schmotziger Donnerstag« genannt wird, wobei dies auf »fett« zurückgeht. Bereits früh morgens läuten die Schüler an Häusern und veranstalten einen Mordslärm. Je nach Ort finden verschiedene Umzüge statt, bei denen die Narren die Oberhand nehmen und die hinter bunt geschmückten Masken verkleidete Bevölkerung mitmacht. Abends bringen Guggenmusikgruppen die Fasnet in die Gassen. Neben dem Donnerstag ist auch der Sonntag ein wichtiger Tag. Vielerorts wird die Fasnet durch das Verbrennen von Puppen am Dienstag symbolisch verabschiedet.

Da in der Schweiz so manches von Kanton zu Kanton verschieden ist und erst recht vom Ausland abweicht, wird die »Fasnacht« meist erst nach Aschermittwoch veranstaltet. Dies gilt nicht nur für die Hochburg der Schweizer Fasnacht Basel, sondern für alle schweizerischen Bodenseeorte. Die Ermatinger Groppenfasnacht wird erst drei Wochen nach Aschermittwoch begangen.

Narrensprung in Ravensburg am Fasnetsmontag

Wo die Kunst in die Welt kam

SCHWÄBISCHE ALB

Baden-Württemberg

Die Schwäbische Alb ist eine der burgen- und schlösserreichsten Gegenden Deutschlands: Die Hohenzollernburg, Schloss Liechtenstein und andere Adelssitze thronen auf den felsigen Anhöhen dieses Mittelgebirges. Erholungsuchenden empfiehlt sich der Landstrich als Biosphärengebiet mit ausgezeichneten Wander- und Radwegen. Ältester und zugleich einer der beliebtesten Fernwanderwege der Schwäbischen Alb ist der Albsteig, er führt auf über 350 Kilometern von Donauwörth nach Tuttlingen. Dabei geht es immer an der Felskante des Albtraufs entlang, der das raue Hochplateau von dem lieblichen Albvorland trennt.

Eine Wanderung durch das Lonetal bietet Einblicke in die frühe Menschheitsgeschichte: Der Neandertalweg erschließt drei der insgesamt mehr als 2000 Höhlen der Schwäbischen Alb. In grauer Vorzeit suchten Neandertaler und Vertreter der Spezies Homo sapiens hier Schutz.

Entgegen manch landläufiger Vorstellung vom Leben der Steinzeitmenschen waren diese alles andere als unzivilisierte Wilde: Bei Ausgrabungen in den frühen 2000er Jahren entdeckten Forscher Flöten aus Elfenbein und Knochen: die ältesten erhaltenen Musikinstrumente der Welt! Zudem förderten sie eine Vielzahl von Figuren ans Tageslicht – etwa Löwen, Mammuts und Pferde, aus Mammutstoßzähnen geschnitzt. Mit einem Alter von rund 40 000 Jahren zählen sie zu den ältesten Kunstwerken, die je gefunden wurden. Die Venus vom Hohle Fels etwa, eine Frauenfigur aus Mammutelfenbein – ohne Kopf, dafür mit üppigen Brüsten – wurde auf 35 000 bis 40 000 Jahre datiert, sie ist damit eine der weltweit ältesten Darstellungen eines menschlichen Körpers. Nach jetzigem Forschungsstand deutet also alles darauf hin, dass die Menschheit vor Tausenden Jahren genau hier, auf der Schwäbischen Alb, die Kunst erfand.

Die Vogelherdhöhle im Lonetal ist Teil des UNESCO-Welterbes »Höhlen und Eiszeitkunst der Schwäbischen Alb«.

Bestaunen kann man die prähistorischen Kunstwerke, die seit 2017 ebenso wie die Höhlen, in denen sie gefunden wurden, zum UNESCO-Weltkulturerbe zählen, im Urgeschichtlichen Museum in Blaubeuren sowie im Ulmer Museum. Auch einige der Höhlen können besichtigt werden, besonders spannend ist der Archäopark Vogelherd rund um die gleichnamige Höhle im Lonetal: Es ist der einzige Ort, an dem die steinzeitlichen Schätze direkt an ihrem Fundort ausgestellt werden.

INFO: Die Schwäbische Alb erstreckt sich südöstlich von Stuttgart etwa von Rottweil im Süden bis Bopfingen im Norden. **INFO SCHWÄBISCHE ALB:** Schwäbische Alb Tourismusverband, Bismarckstr. 21, 72574 Bad Urach, Tel. (071 25) 93 93 00, www.schwaebischealb.de. **INFO UNESCO-WELTKULTURERBE HÖHLEN UND EISZEITKUNST DER SCHWÄBISCHEN ALB:** Tel. (07 31) 185 11 33, www.weltkultursprung.de.

Der wunderschön gelegene Bodenseehafen von Lindau

Obersee

Die Reihenfolge der Vista Points folgt dem Uferverlauf von Ost nach West.

Der Obersee erstreckt sich am deutschen Ufer von kurz hinter Meersburg im Westen bis zum österreichischen Abschnitt östlich von Lindau. Gehört der überwiegende Teil zu Baden-Württemberg, so bildet der östliche Streifen von Wasserburg bis Lindau den bayerischen Teil des Bodensees. Gleich mehrere historische Landschaften reichen vom Ufer bis ins Hinterland: Linzgau im Westen, Oberschwaben und die Vorläufer des bayerischen Allgäus.

Der größte Ort ist die Industriestadt Friedrichshafen, die durch die Luftfahrtpioniere Zeppelin und Dornier weltberühmt wurde. Seit 2001 kreist mit dem Zeppelin NT wieder ein Luftschiff über dem Bodensee. Zweifelsohne für Reisende attraktiver ist das Stadtbild von Lindau und seiner hübschen Insel mit der reizvollen Altstadt, gemeinsam mit Meersburg und Überlingen eines der schönsten Städtchen zum Flanieren am Bodensee. Eine Reihe weiterer Orte als Anziehungspunkte für Groß und Klein säumen sich am Obersee, das Hinterland reicht bis Tettnang, Ravensburg und Weingarten.

Wer den See überqueren möchte, nimmt die Fähre von Friedrichshafen bis Romanshorn auf die Schweizer Seite. Das Ufer des Obersees ermöglicht eine gute Sicht auf die österreichischen und schweizerischen Voralpen mit dem Säntis als höchstem Berg der Bodenseeregion.

Lindau ➡ F/G11/12
Die grün umsäumte Insel- und Gartenstadt Lindau (25 500 Einw.) am kleinen bayerischen Zipfel des Bodensees ist ein Highlight unter den Städten der gesamten Region. Touristischer Hauptanziehungspunkt der großen Kreisstadt ist die nur 0,68 Quadratkilometer große Insel, die durch einen Damm und eine Brücke mit dem Festland verbunden ist.

Wer mit dem Zug auf die 7 **Insel Lindau** ➡ F/G11/12 fährt, landet im jugendstilverzierten Bahnhof direkt am **Seehafen**, der in der Mitte des 19. Jahrhunderts prächtig ausgebaut wurde. Die Einfahrt in den Seehafen markieren der sechs Meter hohe Bayerische Löwe sowie der 33 Meter hohe **Neue Leuchtturm**, die Promenade säumen Schaulustige und Pantomimendarsteller.

Die Altstadt erinnert mit ihrem Gassenlabyrinth an ein mittelalterliches Städtchen. An der Maximilianstraße liegen sehenswerte Gebäude mit farbenfrohen Fassaden wie das **Alte Rathaus** von 1436, das kurz nach der Fertigstellung vorübergehend als Reichstag diente und heute eine wertvolle Bibliothek beinhaltet. Die Patrizierhäuser mit Erkern und Laubengängen an dieser Flaniermeile sowie die zahlreichen Brunnen und

Hafeneinfahrt mit Bayerischem Löwe und Leuchtturm

Die »mit Linden bestandene Insel«

Lindau – Inselstadt im Bodensee

Lindau am Bodensee, Bayern

Der Bodensee ist ein faszinierendes Gewässer, weil er ständig sein Gesicht verändert«, sagt Deutschlands wichtigste Meinungsforscherin Renate Köcher, Leiterin des Instituts für Demoskopie in Allensbach am Bodensee.

Das kann man von Lindau aus besonders gut verfolgen: Die 1079 gegründete Stadt liegt auf einer vorgelagerten Insel im See und ist nur über eine Brücke oder per Schiff zu erreichen. Dabei wird in der Hafeneinfahrt ein mächtiger bayerischer Löwe, sechs Meter hoch und aus acht Tonnen Marmor gehauen, passiert. Den ließ König Maximilian II. 1805 zum Zeichen seiner Herrschaft auf einen Sockel setzen. Auf der anderen Seite begrüßt der einzige Leuchtturm Bayerns die einfahrenden Schiffe.

Die mit Linden bestandene Insel – daher der Stadtname – nahe am Dreiländereck Deutschland, Österreich und Schweiz verdankt ihren Ursprung einem um 800 gegründeten Chorfrauenstift. Und den Fischern, die auf der Insel einen Markt abhielten, um den herum sich eine Kaufmannssiedlung entwickelte.

Der 33 Meter hohe Leuchtturm an der Mole zeigt, dass Lindau einst im Bodenseehandel gut im Geschäft war. Es war ab 1220 Freie Reichsstadt und nur dem Kaiser oder dem König verantwortlich. Der erste Bau des Münsters Unserer Lieben Frau erfolgte bereits um 817, die heutige Kirche entstand nach dem Stadtbrand 1728. In der um 1000 gegründeten Peterskirche, nach dem Ersten Weltkrieg zur etwas martialischen Kriegergedenkstätte umgestaltet, gibt es die einzigen von Hans Holbein d. Ä. erhaltenen Fresken.

Die Altstadt prägen ganze Straßenzüge mit Häusern von der Gotik bis zum Barock, die Maximilianstraße ist von prunkvollen Patrizierhäusern mit Laubengängen gesäumt. Das Alte Rathaus (1436) trägt schmucke Giebel, bei der Umgestaltung im Renaissancestil wurden Ereignisse der Stadtgeschichte kunstvoll auf die Wände gepinselt.

Das alte Rathaus in Lindau mit einer großen überdachten Freitreppe.

Von der hübschen Terrasse des über 150 Jahre alten Traditionshotels »Bayerischer Hof« hat man einen atemraubenden Blick auf den Bodensee, bei klarem Wetter zeichnen sich sogar die Berge der Schweizer Alpen ab.

Info: Lindau am Bodensee liegt ca. 180 km südwestlich von München. **Info Lindau:** Tourist Information Lindau, Alfred-Nobel-Platz 1, 88131 Lindau am Bodensee, Tel. (083 82) 26 00 30, www.lindau.de. **Info Hotel Bayerischer Hof:** Bahnhofplatz 2, 88131 Lindau, Tel. (083 82) 91 50, www.bayerischerhof-lindau.de, Preise auf Anfrage.

Historisierende Malereien am Alten Rathaus in Lindau

kleinen Plätze stammen aus dem 16. und 17. Jahrhundert. Eines der schönsten Bürgerhäuser im Barockstil in der Bodenseeregion ist das **Haus zum Cavazzen**, das heutige Stadtmuseum.

Zu den weiteren Sehenswürdigkeiten der Insel zählen die drei Gotteshäuser: Die im 11. Jahrhundert erbaute **Peterskirche** am Schrannenplatz war einst den Fischern geweiht. Die spätbarocke Stiftskirche am Marktplatz wird auch »Münster unserer Lieben Frau« genannt. Sie liegt wie die protestantische **Basilika St. Stephan** im Osten der Insel.

Der **Mangturm** an der Promenade ist ein übrig gebliebener Zeuge der alten Stadtbefestigung und entstand um 1200 als Leuchtturm. Ebenso zur mittelalterlichen Stadtmauer gehören der Pulverturm im Westen der Insel und der Diebsturm, der einstige Gefängnisturm.

Lindau umfasst auf dem Festland die Ortsteile **Schachen** und **Aeschach** mit ihren Seepromenaden und Parkanlagen sowie vornehmen Herrenhäusern und kleineren Schlössern. Die Bedeutung Lindaus prägen zahlreiche Veranstaltungen, so tagen hier die Nobelpreisträger seit 60 Jahren jährlich im Sommer gemeinsam mit Nachwuchswissenschaftlern.

Tourist Information ➡ eD2
Alfred-Nobel-Platz 1, 88131 Lindau
✆ (083 82) 26 00 30, www.lindau-tourismus.de
Mo–Sa 10–18, So 10–13, Okt.–März Mo–Fr 10–12 und 14–17 Uhr

»Die Lindauer Beweinung« (um 1420) – Glanzstück im Stadtmuseum

Stadtmuseum ➡ eC3
Marktplatz 6, Lindau
✆ (083 82) 94 40 73, www.kultur-lindau.de
Derzeit im Umbau
Die bürgerliche Wohnkultur vom Mittelalter bis zum Jugendstil thematisiert das Stadtmuseum im Haus zum Cavazzen am Marktplatz. Das Gebäude von 1729 mit sehenswerter Fassadenmalerei zählt zu den schönsten Bürgerhäusern des Bodensees und beherbergt außerdem eine Gemäldesammlung, die das 15. bis 18. Jh. umfasst.

Marionettenoper ➡ eC3
Fischergasse 37, Lindau
✆ (083 82) 911 39 11, www.marionettenoper.de

Der Innenraum der Basilika St. Stephan kommt eher schlicht daher

Die Marionettenoper von Bernhard Leismüller bietet ein Repertoire von Carmen bis Zauberflöte, dargestellt von zwölf Puppenspielern und ihren Marionetten.

Alte Post ➡ eC3
Fischergasse 3, Lindau
✆ (083 82) 93 46-0, www.alte-post-lindau.de
Tägl. 11–14.30 und 17–22.30 Uhr
Gemütliches Hotelrestaurant mit traditioneller Stube im Erdgeschoss. Ein kräftiger Hauch der Steiermark weht durch die Speiseauswahl. Vor dem Haus lockt einer der schönsten Biergärten Lindaus. €€

barbarista ➡ eC3
Marktplatz 1, Lindau
✆ (083 82) 274 71 57, www.barbarista-lindau.de
Tägl. 9–23 Uhr
Trendige Mischung aus Café, Bar und Restaurant mit Frühstücksbuffet, preiswertem Mittagstisch sowie Pizza, Pasta, Flammkuchen und Tapas. Beliebt sind die Cocktails zum Afterwork. €–€€

Café Großstadt ➡ eC3
In der Grub 27, Lindau
✆ (083 82) 504 29 98, www.grossstadt-lindau.de
Tägl. ab 9 Uhr
Ein gewisser Großstadtflair weht durch diese Kombination von urbanem Café, Restaurant mit leichter

Bioküche und Cocktailbar. Außerdem finden hier gelegentlich kulturelle Veranstaltungen statt. €–€€

Spielbank ➡ eC4
Chelles-Allee 1, Lindau
✆ (083 82) 277 40, www.spielbanken-bayern.de
Tägl. 12–2, Fr/Sa bis 3 Uhr
Lindauer Spielbank in einem eindrucksvoll verglasten Rundbau mit Blick auf den Bodensee. Neben klassischem Roulette, Kartenspiel und Automaten bietet die Casinobühne angenehmes Ambiente für Kleinkunst, Kabarett und Konzerte.

Genuss-Werkstatt ➡ eD2
Reichsplatz 5, Lindau
✆ (083 82) 715 96 11, www.genusswerkstatt-lindau.de
Mo–Fr 10–18, Sa 10–14 Uhr, Okt.–März Mo geschl.
Der Käsesommelier und Wein-Kulturführer Michael Bode verkauft leckere Produkte in seinem privaten Verkostungsraum.

Wochenmarkt ➡ eC3
Marktplatz, Lindau
Mi und Sa ab 7 Uhr
Wochenmarkt mit vielfältigem Angebot in mediterraner Atmosphäre rund um den Neptunbrunnen und das Stadtmuseum.

Kleine, urige Läden mit Kunsthandwerk laden zum Stöbern ein

Halb Insel – ganz besonders

Wasserburg ➡ F10/11
Wie der Name andeutet, war der schon im 8. Jahrhundert erwähnte Ort ursprünglich eine Burg auf einer Insel im Obersee, jedoch schütteten die Fugger als einer der vielfach wechselnden Eigentümer anno 1720 einen Damm zur Verbindung mit dem Festland auf. Die denkmalgeschützte Halbinsel gilt als Perle am bayerischen Bodensee. Anziehungspunkt des kleinen Orts mit seinen 4300 Einwohnern ist vor allem die so entstandene Halbinsel mit drei interessanten Bauwerken: Die barocke **St.-Georgs-Kirche** mit sehenswerten Deckenfresken geht auf einen Vorgängerbau aus dem 15. Jahrhundert zurück. Der Zwiebelturm erhebt sich weithin sichtbar über den glitzernden See. Der verbliebene Westflügel des im Renaissancestil erbauten **Schlosses** dient heute als Hotel und Restaurant. Das über 400 Jahre alte **Malhaus**, ein ehemaliges Gerichts- und Amtshaus, beherbergt ein Museum. Im Hafen schaukeln Segelschiffe und Fischerboote sanft auf den Wellen. Und auf dem Schiffsanlegesteg reicht der Blick übers Wasser bis zum Horizont – ein Gefühl, als stehe man mitten im See. Bekannt ist Wasserburg in der Region auch für seinen Mittelaltermarkt Ende Juni und das Uferfest Ende Juli.

Abendstimmung in Wasserburg bei der Antoniuskapelle

Tourist Information ➡ F10/11
Lindenplatz 1, 88142 Wasserburg (Bodensee)
✆ (083 82) 88 74 74, www.wasserburg-bodensee.de
Jan./Feb. und Nov./Dez. Mo–Fr 9–12, März/Apr. und Okt. Mo–Do 8–12 und 14–16.30, Fr 8–12, Mai–Sept. Mo–Fr 8–12.30 und 14–17.30, Sa 9–12 Uhr

Museum im Malhaus ➡ F10/11
Halbinselstr. 77, Wasserburg (Bodensee)
✆ (083 82) 893 69, www.museum-im-malhaus.de
Mai–Okt. Mi/Do/Fr, So 10.30–12.30, Sa/So 14.30–17 Uhr, Eintritt € 2/1, bis 14 J. frei
Das Museum in dem 1597 von den Fuggern errichteten Gerichtsgebäude birgt u. a. Hexenzellen und gibt Infos über den in Wasserburg geborenen Schriftsteller Martin Walser. Interessante Wechselausstellungen.

Schloss Hotel ➡ F10/11
Halbinselstr. 78, Wasserburg (Bodensee)
✆ (083 82) 27 33 30-0, www.schloss-hotel-wasserburg.de
Restaurant tägl. ab 10 Uhr, Jan. geschl.
Das Hotelrestaurant im Schloss bietet kulinarische Erlebnisse im historischen Gewölbekeller, in der ländlichen Fuggerstube, im Wintergarten oder auf der Panorama-Terrasse. €€–€€€

Kressbronn ➡ F10
Der kleine Ort mit 8700 Einwohnern fällt weniger durch nennenswerte Sehenswürdigkeiten als vielmehr durch die ideale Lage für Ausflüge inmitten von vier Natur-

Kressbronn am Bodensee

schutzgebieten auf. Das hübsche Zentrum dominiert die katholische Pfarrkirche. Wichtigstes Gebäude mit eigenem Park ist das 1829 erbaute **Schlössle**. Westlich des Zentrums überquert die Kabelhängebrücke von 1897 die Argen. Auf der **Bodan-Werft** entstanden u.a. die Katamarane, die Friedrichshafen mit Konstanz verbinden.

Tourist Information ➡ F10
Im Bahnhof, 88079 Kressbronn
✆ (075 43) 96 65-0, www.kressbronn.de
Mai–Sept. Mo–Fr 8–18, Sa/So 10–12, Okt.–April Mo–Fr 8–17 Uhr

Museum im Schlössle ➡ F10
Seestr. 20, Kressbronn
✆ (075 43) 54 74 60
www.historische-schiffsmodelle.com
April–Okt. tägl. außer Mo 10–12 und 15–18 Uhr
Eintritt € 3/2, bis 12 J. frei
Der gelernte Schiffsschmied Ivan Trtanj präsentiert im 1829 erbauten Schlössle sein Lebenswerk mit historischen Schiffsmodellen aus dem Barock und Rokoko.

Argenbrücke ➡ F10
Lindauer Straße, Kressbronn-Gohren
Die zweitälteste Hängebrücke in Deutschland überquert seit 1897 den Fluss Argen. Fahrradfahrer und Fußgänger nutzen die 2010 rekonstruierte, 72 m lange Brücke.

Argenbrücke in Kressbronn

Bärenrestaurant Peterhof ➡ F10
Nonnenbacher Weg 33, Kressbronn
✆ (075 43) 96 27-0, www.teddybaerenhotel.de
Mo, Mi–Sa 17.30–22, So 12–14 und 17.30–22 Uhr
Das Restaurant im Teddybärenhotel ist über und über mit Teddys geschmückt. Die Zutaten der schwäbischen Hausmannskost kommen direkt von Erzeugern. €€

Langenargen ➡ F9
Von den kleineren Städten am Obersee bietet Langenargen (7700 Einw.) nicht nur die längste blumengeschmückte Seepromenade, sondern vielleicht auch den größten Charme. Als Wahrzeichen der »Sonnenstube am Bodensee« fungiert das **Schloss Montfort**, entstan-

Uferpromenade von Langenargen

den als Nachfolgebau der einstigen Burg der Montforts. Dominant im Ortsbild ist die Barockkirche **St. Martin** von 1721. Aufgrund der Vielzahl an kulturellen Veranstaltungen sieht sich Langenargen als Kulturstadt am Obersee.

Der **BMK Yachthafen** an der Mündung der Argen in den Obersee ist der zweitgrößte seiner Art am Bodensee, er verfügt neben einer Wassersportschule und vielen Wasser- und Trockenplätzen über ein sehr gutes Gastronomieangebot.

Tourist Information ➡ F9
Obere Seestr. 2/1, 88085 Langenargen
✆ (075 43) 93 30 92, www.langenargen-tourismus.de
Mai–Sept. Mo–Fr 9–18, Sa/So 9–12, März/April, Okt. Mo–Fr 9–12 und 14–16, Nov.–Feb. Mo–Fr 9–12 Uhr

Museum Langenargen ➡ F9
Marktplatz 4, Langenargen
✆ (075 43) 34 10, www.museum-langenargen.de
April–Mitte Okt. tägl. außer Mo 11–17 Uhr
Eintritt € 5/4
Das kleine Museum im ehemaligen Pfarrhof gegenüber der St. Martins-Kirche zeigt regionale Kunstwerke.

Schloss Montfort ➡ E/F9/10
Untere Seestr. 3, Langenargen
✆ (075 43) 91 27 12, www.vemax-gastro.de

Im maurischen Stil erbaut: Schloss Montfort in Langenargen

April–Okt. Di–Sa 14–24, So 14–18 Uhr
Das im maurischen Stil nach dem Vorbild einer Villa in Nizza auf einer Landzunge errichtete Schloss von 1867 wird heute als Ausflugsrestaurant, Konzertsaal und Diskothek sowie für Bankette und Tagungen genutzt. Die Restauranträume schmücken Gemälde aus besseren Zeiten. Der Turm ermöglicht eine grandiose Aussicht auf den Obersee bis in die Voralpen. €€–€€€

Malereck ➡ E/F9/10
Argenweg 60, Langenargen
✆ (075 43) 91 24 91, www.restaurantmalereck.de
Tägl. außer Di 12–14 und 18–21.30 Uhr
Das stilvoll eingerichtete Landhaus mitten im Langenargener Yachthafen ist ein Kleinod für romantische Momente. Aus der aromenreichen Küche empfiehlt sich das »BBQ am See«. €€€

Kavalier-Haus ➡ E/F9/10
Untere Seestr. 7, Langenargen
✆ (075 43) 91 25 10, www.kavalier-haus.de
Di–Sa ab 16.30, So ab 11.30 Uhr
Das Gebäude am Rand des Schlossparks entstand 1866 als Teil von Schloss Montfort. Heute beherbergt es ein Bistro in historischem Ambiente. Kleine Speisekarte. €

Tettnang ➡ D/E10
Die in Oberschwaben gelegene Stadt (19 200 Einw.) etwas abseits des Obersees an den Ausläufern des All-

gäus ist vor allem für Spargel und Hopfen bekannt. 520 Jahre lang prägten die Grafen von Montfort den Ort und errichteten gleich drei Schlösser: das Torschloss aus dem 15. Jahrhundert, das Alte Schloss von 1667, heutiges **Rathaus**, sowie das **Neue Schloss** aus dem 18. Jahrhundert.

Tettnang ist bekannt für seinen Hopfenanbau

Tourist Information ➡ D/E10
Montfortstr. 41, 88069 Tettnang
✆ (075 42) 510-500, www.tettnang.de
Mai–Sept. Mo–Fr 9–18, Sa 10–12, Okt.–April Mo–Fr 9–17 Uhr

Elektronikmuseum ➡ D/E10
Montfortstr. 41, Tettnang
✆ (01 75) 736 83 70, www.emuseum-tettnang.de
Tägl. außer Mo 14–18 Uhr, Eintritt € 3/2
Das Elektronikmuseum neben dem Montfort-Museum befasst sich mit klassischen Rundfunkgeräten, Schallplattenspielern, Tonspeichern und historischen Filmkameras sowie analogen und digitalen Mess- und Rechenanlagen.

Hopfen-Museum ➡ D10/11
Hopfengut 20, Tettnang-Siggenweiler
✆ (075 42) 95 22 06, www.hopfengut.de

Hopfenernte bei Tettnang

April–Okt. tägl. außer Mo 10.30–17 Uhr, Eintritt € 6/3
Museum außerhalb von Tettnang im Ortsteil Siggenweiler. In drei historischen Gebäuden informiert die Ausstellung über den Hopfenanbau und die Geschichte des Biers. Hier beginnt auch der 4 km lange Hopfenwanderpfad.

Stadtmuseum ➡ D/E10
Montfortstr. 43, Tettnang
✆ (075 42) 510-180
April–Okt. Di–So 14–18 Uhr, Eintritt frei
Das Heimatmuseum im Torschloss aus dem 15. Jh. berichtet ausführlich über die mehr als 500-jährige Geschichte der Grafen von Montfort, die die ganze Region prägten.

Neues Schloss ➡ D/E10
Montfortplatz 1, Tettnang
✆ (075 42) 510-500, www.schloss-tettnang.de
April–Okt. tägl. außer Mi 11–17 Uhr, Eintritt € 6/3
Das repräsentative Neue Schloss entstand 1770 mithilfe hochkarätiger Künstler. Es zählt heute zu den schönsten Schlössern in Oberschwaben. Selbst wenn die Innenausstattung nie vollendet wurde, bildet die Raumgestaltung einen Höhepunkt des hiesigen Barocks. Sehenswert ist vor allem der Bacchussaal.

Tettnanger Krone ➡ D/E10
Bärenplatz 7, Tettnang

Neues Schloss mit Garten in Tettnang

Ravensburg und Weingarten

Der »schwäbische Petersdom«: In erhöhter Lage thront die Basilika über der Stadt Weingarten

Wer kennt sie nicht, die Puzzle und Gesellschaftsspiele mit der blauen Ravensburger-Ecke. Die Stadt als Namensgeber (50 000 Einw.) war schon früher eine Industrie- und Handelsstadt im Bodenseegebiet. Das mittelalterliche Stadtbild bilden die Oberstadt aus den Zeiten der Staufer und die Unterstadt, verbunden durch den Marienplatz. Das einst von einer alten Stadtbefestigung begrenzte Zentrum wird von einigen Türmen umrahmt, auffallend ist vor allem der 51 Meter hohe **»Mehlsack«**, heute das Wahrzeichen von Ravensburg. Neben den Patrizierhäusern und der **Liebfrauenkirche** aus dem 14. Jahrhundert ist besonders das **Humpis-Quartier** als städtisches Museum mit kulturhistorischen und gastronomischen Einrichtungen besuchenswert. Kleine und große Gäste schätzen das **Museum Ravensburger**.

Empfehlenswert ist auch der Besuch der unweit gelegenen, etwas älteren Stadt Weingarten (25 000 Einw.) mit ihrer barocken **Basilika**, übrigens die größte in Deutschland. Sie trägt den Spitznamen »Schwäbische St. Peter«, weil sie fast genau halb so groß ist wie der Petersdom in Rom. Besichtigt werden kann die Basilika täglich von 8 bis 18 Uhr (außerhalb der Gottesdienstzeiten).
Weitere Infos: www.ravensburg.de und www.weingarten-online.de

✆ (075 42) 74 52, www.tettnanger-krone.de
Tägl. außer Mo 11–14 und 17–24 Uhr
Wo einst der letzte Graf der Montforts wohnte, serviert der Braugasthof schwäbische Küche. Die hauseigene Brauerei, seit sieben Generationen im Familienbesitz, hat als erste im Bodenseeraum Bio-Bier gebraut.

In dritter Generation im Familienbesitz, trägt Fritz Tauscher III. den Titel als »bester Diplom-Braumeister Deutschlands« und kooperiert mit weiteren privaten Braugasthöfen. €€

Hotel-Restaurant Rad ➡ D/E10
Lindauer Str. 2, Tettnang
✆ (075 42) 540-0, www.hotel-rad.com

Barockkirche von enormen Ausmaßen

Basilika St. Martin

Weingarten, Baden-Württemberg

Rom war das Vorbild, der Petersdom der Maßstab. Die Erbauer der Basilika St. Martin auf dem Martinsberg in Weingarten, weit über dem Tal des Flusses Schussen, der in den Bodensee mündet, wollten hoch hinauf.

Die eindrucksvolle Prozession des Weingartener »Blutritts« (1865).

Sie errichteten ein Gotteshaus von 106 Metern Länge bei einer Kuppelhöhe von 66 Metern. Ob es tatsächlich der größte Kirchenbau im Stil des Barock nördlich der Alpen ist, ist nicht abschließend geklärt, doch fest steht, dass die Basilika etwa halb so groß ist wie der Petersdom. Papst Pius XII. erhob die Kirche 1956 zur Basilica minor.

Die Baugeschichte verlief unter ständigen Querelen und mit zahlreichen Problemen. 1715 brach man die alte Kirche auf dem Martinsberg ab, in ihren Ursprüngen ging diese dreischiffige Säulenbasilika auf das Jahr 1124 zurück, wurde aber in den darauffolgenden Jahrhunderten mehrfach verändert und erweitert. Die Pläne für den Neubau stammen vom Füssener Baumeister Johann Jakob Herkommer und dem Vorarlberger Franz Beer von Bleichten. Bereits im Jahr 1717 konnten die Gewölbe eingezogen werden, nun sollte die Innenausstattung beginnen. Aber plötzlich fehlte es an Finanzmitteln, die vorderösterreichische Landvogtei führte einen Prozess gegen das Kloster, das an sein Territorium angrenzte, und die Künstler konkurrierten heftig miteinander.

Trotzdem konnte die Abteikirche, die zwei große dreiflügelige Trakte um weite Innenhöfe einfassen, 1724 geweiht werden. Sie entspricht dem Typ des Vorarlberger Wandpfeilerschemas, mit durchbrochenen Pfeilern, segelartigen Emporen und hohen Durchgängen in beiden Geschossen. Die barocke Deckenmalerei von Cosmas Damian Asam stellt kirchen- und kunstgeschichtlich einen Fortschritt dar: Statt eng begrenzter Bildfelder wurde das gesamte Gewölbe zur illusionistischen Raumerweiterung genutzt. Die zentrale Kuppel zeigt eine Himmelsvision mit Hunderten von Heiligen, die im Lobkreis um die Dreieinigkeit ziehen. Zwischen den Feldern mit den vier Evangelisten thront in der Blickachse als Allegorie der Mutter Kirche eine weibliche Papstfigur, umgeben von den Symbolfiguren Glaube, Liebe und Hoffnung.

Traditionell findet am Freitag nach Christi Himmelfahrt in Weingarten der »Blutritt« statt. Bei einer Reiterprozession wird die in der Abteikirche beheimatete Heilig-Blut-Reliquie durch die Stadt und das Umland getragen. Zahlreiche Musikkapellen begleiten das Geschehen.

Info: Weingarten liegt 25 km von Friedrichshafen und 80 km von Ulm entfernt. **Info St. Martin:** Kirchplatz, 88250 Weingarten, Tel. (07 51) 56 12 70 (Pfarramt), www.st-martin-weingarten.de, Öffnungszeiten tägl. 8–19, Nov.–März nur bis 17 Uhr.

Mi–So 12–14, 18–21 Uhr
Das Hotelrestaurant im 500 Jahre alten Fachwerkhaus ist für seine Vielfalt an Spargelgerichten und Wildspezialitäten weit über Tettnang hinaus berühmt. Hier wurde einst die Poststation von Thurn und Taxis errichtet. €€

Eriskirch ➡ E9
Das östlich von Friedrichshafen zwischen den Mündungen der Flüsse Rotach und Schussen gelegene **Eriskircher Ried** ist mit etwa 552 Hektar Fläche das größte und wertvollste Naturschutzgebiet am nördlichen Bodenseeufer. Eine Vielzahl von Wasservögeln bewohnt das Ried und die Sibirische Schwertlilie färbt die Streuwiesen im Frühjahr blau. Ins einstige Bahnhofsgebäude zog 1994 das **Naturschutzzentrum** ein, das über die Aktivitäten zum Schutz des Eriskircher Rieds berichtet und öffentliche Führungen durch das Naturschutzgebiet organisiert.

Naturschutzzentrum ➡ E9
Bahnhofstr. 24, 88097 Eriskirch
✆ (075 41) 818 88, www.naz-eriskirch.de
April–Sept. Di–Do 14–17, Fr–So/Fei 10–13 und 14–17, Okt.–März Di–Do 14–16, Fr 9–12, So/Fei 14–17 Uhr

Haubentaucher bei der Balz

Vom Moleturm in Friedrichshafen genießt man eine wunderschöne Aussicht auf den Bodensee

Friedrichshafen ➡ D/E9
Die Industrie- und Messestadt (60 000 Einw.) ist vor allem mit den Luftschiffen von Graf Ferdinand von Zeppelin verbunden, die hier gebaut wurden und auch heute wieder das Bild des Bodensees prägen. Die Stadt entstand 1811 aus der Zusammenlegung von Buchhorn und dem Kloster Hofen unter dem Namen des württembergischen Königs Friedrich I. Mitte des 19. Jahrhunderts wurde das Kloster zu einem Schloss ausgebaut und zog viele Reisende an.

Die Namen der Industriellen damaliger Zeit haben noch heute Klang: Zeppelin, Dornier und Maybach wirkten in Friedrichshafen. Zunächst wählte **Ferdinand Graf von Zeppelin** die Stadt zur Fertigung der Luftschiffe, später baute sein einstiger Mitarbeiter **Claude Dornier** seine berühmten Verkehrsflugschiffe. Beiden Pionieren sind eigene Museen gewidmet. Seit bald 100 Jahren ist die als Zahnradfabrik Friedrichshafen gegründete ZF als internationaler Konzern für Antriebstechnik ein aktiver Motor für die Industrialisierung am Bodensee.

Am westlichen Ufer der Stadt liegt das nicht zugängliche **Schloss** des württembergischen Königshauses, das

Verkehrsknotenpunkt am Bodensee: Friedrichshafen

Kunstinstallation »Klangschiff« an der Uferpromenade

aus dem Benediktinerkloster Hofen hervorging. An der Kirche neben dem Schloss mit ihren beiden Zwiebeltürmen beginnt die **Uferpromenade** mit maritimem Flair, die zu den längsten am Bodensee gehört. Sie führt entlang des Kongresszentrums Graf-Zeppelin-Haus am Stadtgarten vorbei bis zum Hafen. Den Weg säumen die 13 Meter hohe Zeppelin-Statue sowie die 40 Meter lange Kunstinstallation »**Klangschiff**«. Von Ende Juli bis Anfang August wandelt sich die Uferpromenade in das lebendige »Festival Kulturufer«.

Wahrzeichen der Hafeneinfahrt ist der anno 2000 errichtete **Moleturm**, eine 22 Meter hohe Aussichtsplattform. Die Schiffe der »Weißen Flotte« verbinden den Hafen mit anderen Orten des Bodensees. Von hier verkehrt auch ein Katamaran bis nach Konstanz. Die **Autofähre** nach Romanshorn verbindet die deutsche mit der Schweizer Seite im Stundentakt. Friedrichshafen bietet aufgrund der frühen Industrialisierung leider keine hübsche Altstadt. Sehenswert sind aber die Museen und die Zeppelin-Reederei. Die Messestadt besitzt einen internationalen Flughafen, den vor allem Regionallinien und Billigflieger bedienen.

Tourist Information ➡ dC2
Bahnhofplatz 2, 88045 Friedrichshafen
✆ (075 41) 554 44, www.friedrichshafen.info
Mai–Sept. Mo–Fr 9–18, Sa 9–13, Okt.–April Mo–Do 9–16, Fr 9–13 Uhr

Die Luftschiffwerft in Friedrichshafen 1912

Dornier-Museum ➡ D9
Claude-Dornier-Platz 1, Friedrichshafen
✆ (075 41) 487 36 00, www.dorniermuseum.de
Mai–Okt. tägl. 10–17, Nov.–April tägl. außer Mo 10–17 Uhr, Eintritt € 11/5
Das am Flughafen gelegene Museum umfasst ein Jahrhundert Luft- und Raumfahrt auf 5000 m² mit einer Reihe interessanter Flugzeuge und der Geschichte des Pioniers Claude Dornier und seiner Verkehrsflugschiffe wie der berühmten »Do X«.

Schulmuseum ➡ dC1
Friedrichstr. 14, Friedrichshafen
✆ (075 41) 326 22
schulmuseum.friedrichshafen.de
April/Mai tägl. außer Mo 10–17, Juni–Okt. tägl. 10–17, Nov.–März tägl. außer Mo 14–17 Uhr, Eintritt € 3,50/1,50
Das Schulmuseum informiert anschaulich über das deutsche Schulwesen ab 1850 mit mehreren Klassenzimmern aus verschiedenen Epochen.

Zeppelin-Museum ➡ dC3
Seestr. 22, Friedrichshafen
✆ (075 41) 38 01-0
www.zeppelin-museum.de
Mai–Okt. tägl. 9–17, Nov.–April tägl. außer Mo 10–17 Uhr, Eintritt € 11/6
Der im Bauhaus-Stil gestaltete einstige Hafenbahnhof beherbergt das Erlebnismuseum rund um die Zeppelin-Luftschiffe, die vom Bodensee aus weltberühmt wurden. Besucher finden sich in einem originalgetreu nachgebildeten 33 m langen Teilstück der »LZ 129 Hindenburg« wieder und können sich ein Bild von der Atlantiküberquerung des bis heute größten Luftfahrzeugs der Welt machen.

Zeppelin-Museum in Friedrichshafen

Deutsche Zeppelin-Reederei ➡ D9
Messestr. 132, Friedrichshafen
✆ (075 41) 59 00-0, www.zeppelinflug.de
Führungen Mitte März–Mitte Nov. Di, Fr 16 Uhr
Eintritt € 9,50/5,50
1993 gegründet werden seitdem hier wieder Zeppeline gebaut. Führung durch den Zeppelin NT und Rundflüge (Mitte März–Mitte Nov., 30–120 Min., ab € 199).

LZF 127 Graf Zeppelin

Die Zigarre des alten Grafen

ZEPPELINMUSEUM

Friedrichshafen, Baden-Württemberg

Das Zeppelinmuseum in Friedrichshafen beheimatet die weltgrößte Ausstellung zur Geschichte der Luftschifffahrt. Das Museum erzählt deren Entwicklung von den Anfängen bis heute. Ein Hauptaugenmerk richtet die Ausstellung auf die Hochzeiten der Zeppeline in den 1930er Jahren. Entsprechend bildet der originalgroße Nachbau eines halben Passagierdecks des Luftschiffs LZ 129 Hindenburg – des Zeppelins, der bei der Landung in Lakehurst in Flammen aufging – das Herzstück der Ausstellung. Beeindruckend ist die Größe, besonders wenn man bedenkt, dass nur ein Bruchteil des Megaluftschiffs nachgebaut werden konnte.

Da sich das Haus auch dem Thema »Kunst des Bodenseeraums« annimmt, finden parallel Ausstellungen statt, in denen das Museum Einblicke in seine Kunstsammlung gewährt, u.a. besitzt es zahlreiche Werke von Otto Dix. Er und etliche andere Künstler zogen sich während des Dritten Reichs an den Bodensee in die innere Emigration zurück. Auch der Nachlass des Fotografen Andreas Feininger (1906–99), Sohn des Malers Lyonel Feininger, ist hier archiviert. 565 von Feininger autorisierte Fotoabzüge, viele handsigniert, sowie mehrere seiner Kameras sind wertvolle Zeitdokumente.

Rekonstruktion eines Zeppelins

Das Gebäude im Bauhausstil, in dem seit 1996 das Museum untergebracht ist, war 1933 fertiggestellt worden und diente zunächst als Hafenbahnhof. Den Besuch im Museum rundet ein Rundgang durch die Zeppelinwerft ab, den 110 Meter langen und 34 Meter hohen Hangar des neuen Zeppelins NT. Mit dem modernen Luftschiff kann man sogar einen Rundflug über Friedrichshafen oder den Bodensee unternehmen. Beeindruckende 75 Meter ist der NT lang und damit noch vier Meter länger als die Boeing 747, der Jumbojet. Ein Riese also – und doch ein Zwerg verglichen mit der Hindenburg. Die war über 240 Meter lang und machte damit der Bezeichnung Luftschiff alle Ehre. Selbst die legendäre Titanic war mit 269 Metern nur unwesentlich länger.

Bis 2014 wurde das Museum thematisch erweitert. Mit modernsten Mitteln wird so heute die Faszination der Luftfahrttechnik inszeniert.

INFO: Friedrichshafen liegt am Bodensee, 28 km von Konstanz entfernt. **INFO ZEPPELINMUSEUM:** Seestr. 22, 88045 Friedrichshafen, Tel. (075 41) 380 10, www.zeppelin-museum.de, Öffnungszeiten Mai–Okt. tägl. 9–17, Nov.–April Di–So 10–17 Uhr, Eintritt € 11, Kinder € 6. **INFO WERFTBESICHTIGUNG:** Messestr. 132, 88046 Friedrichshafen, www.zeppelinflug.de, Öffnungszeiten März–Nov. Di und Fr 16 Uhr (Anmeldung erforderlich unter Tel. 075 41-590 03 43), € 9,50, Schüler € 5,50. Rundflug z. B. 30 Min. € 255, Kinder € 204, 60 Min. € 470, Kinder € 376.

Felders ➡ dC3
Karlstr. 42, Friedrichshafen
✆ (075 41) 39 19 55, www.felders-restaurant.de
Mo–Do 11.30–24, Fr/Sa 9.30–24, So 9.30–17 Uhr
Das moderne Restaurant im Medienhaus am Landungsplatz serviert lokale und überregionale Küche in ungewöhnlicher Zusammenstellung von Maultaschen bis Rindstafelspitz sowie leckere Pastagerichte. Große Auswahl an heißer Schokolade im Loungebereich. €€–€€€

Credo ➡ D9
Otto-Lilienthal-Str. 2, Friedrichshafen
✆ (075 41) 374 78 98, www.credo-ristorante.de
Tägl. 10–22 Uhr
Guter Italiener mit hausgemachter Pasta und Pizza im »Competence Park Friedrichshafen« zwischen Zentrum und Flughafen. Luftig-moderne Gestaltung und Terrasse. €€

Zeppelin Hangar FN ➡ D9
Allmannsweiler Str. 134, Friedrichshafen
✆ (075 41) 700 58 68, www.zeppelin-hangar-fn.de
Tägl. 10.30–22 Uhr
Hochwertig gestaltetes Lounge-Restaurant in unmittelbarer Nähe zum Flugbetrieb des Zeppelin NT mit Aussichtsterrasse. Die wechselnde Speisekarte verbindet Regionales mit asiatischen Gerichten und Steakvielfalt. €€

Isla Bonita ➡ dA3
Meistershofener Str. 14, Friedrichshafen

1909 wurde in der Innenstadt von Friedrichshafen der Zeppelin-Brunnen angelegt

✆ (075 41) 374 87 77, www.islabonita-fn.de
Tägl. 18–3 Uhr
Beliebte Latino-Cocktailbar im Bodensee Center mit karibischen Speisen für den kleinen Hunger.

Immenstaad ➡ D7
Der Standort der einstigen Dornier-Werke (heute EADS Astrium) und anderer Industriebetriebe ist dank zahlreicher Einrichtungen besonders für Familien geeignet. Immenstaad (6500 Einw.) verfügt über den mit hundert Metern längsten Landungssteg am Bodensee, wo auch die Lädine anliegt. Einige sehenswerte Fachwerkhäuser prägen das Ortsbild sowie den jenseits der Bundesstraße 31 gelegenen Ortsteil Kippenhausen. Außerhalb des Zentrums führen die **Themenwege** Kreuzspazierweg, Igelweg sowie Apfel- und Weinspazierweg durch die Umgebung.

Tourist Information ➡ D7
Dr.-Zimmermann-Str. 1, 88090 Immenstaad
✆ (075 45) 20 13 70-0, www.immenstaad-tourismus.de
Mai–Sept. Mo–Fr 9–12.30 und 13.30–18, Sa 9–12.30, Okt.–April Mo–Fr 9–12, Di auch 14–17 Uhr

Heimatmuseum ➡ D7
Montfortstr.13, Immenstaad-Kippenhausen
✆ (01 71) 212 58 42, www.heimatverein-immenstaad.de
April–Sept. Sa/So 12–14 und 18–20 Uhr, Eintritt frei
Das Museum liegt im historischen Haus Montfort, einem Fachwerkhaus von 1798. Die Ausstellung im Ober-

Schwanenflug über dem Bodensee

Inmitten von Weinbergen und Apfelplantagen: St. Josef Hersberg bei Immenstaad

geschoss versetzt die Besucher zurück ins 19. Jh. und in die altertümliche Fasnacht.

St. Josef Hersberg ➡ D7
Schloss Hersberg 1, Immenstaad
✆ (075 45) 935-0, www.hersberg.de
Schloss Hersberg inmitten von Weinbergen und Apfelplantagen fällt an der Bundesstraße 31 sofort auf. Das von den Pallottinern geführte geistliche Bildungshaus St. Josef dient als Tagungszentrum.

AbenteuerPark ➡ D7
Am Klötzenen Forst, Immenstaad
✆ (075 45) 94 94 62, www.abenteuerpark.com
April–Mitte Mai Mo–Fr 12.30–19, Sa/So 10–19, Mitte Mai–Aug. tägl. 10–19, Sept./Okt. Mo–Fr 12.30–18, Sa/So 10–18 Uhr, Eintritt € 24/16
Spannender Erlebnispark und größter Natur-Hochseilgarten Europas mit Seilen auf fünf bis 15 Metern Höhe. Klettern und Balancieren unter höchstmöglicher Sicherheit ermöglichen neue Aussichten und Herausforderungen.

Weingut Reblandhof ➡ D7
Kupferbergstr. 2, Immenstaad
✆ (075 45) 67 84, www.reblandhof-siebenhaller.de
Mitte März–Anfang Nov. tägl. außer Di ab 18 Uhr
Die rustikale Besenwirtschaft im Ortsteil Kippenhausen serviert gutbürgerliche Gerichte von Griebenschmalz

Blick auf den längsten Landungssteg am Bodensee

über Krautkrapfen bis Maultaschen, dazu Weinverkauf vom eigenen Gut. €–€€

Villa Puppenhaus ➡ D7
Kirchbergerstr. 15, Immenstaad
✆ (075 45) 901 09 22, www.puppenhaus-bodensee.de
Tägl. 11–19 Uhr
In dem alten Fachwerkhaus gibt es frisch renovierte Suites und hübsch eingerichtete Ferienwohnungen, mit eigenem Spa.

Galerie Seebär ➡ D7
Hauptstr. 20 A, Immenstaad
✆ (075 45) 94 14 60, www.galerie-seebaer.de
Mo–Fr 9–12, 14.30–18, Sa 9–14 Uhr, Eintritt frei
Galerieartiges Geschäft mit einer großen Sammlung an Steiff-Tieren, Barbie- und Sammlerpuppen neben seltenen Designerpuppen und selbst entworfenen Modellen.

Aquastaad ➡ D7
Strandbadstr. 1, Immenstaad
✆ (075 45) 90 13 13, www.aquastaad.de
Mai–Sept. tägl. 8.30–19 Uhr, Okt.–April tägl. verschieden, Eintritt € 4/2
Das Strand- und Hallenbad umfasst neben einem Naturstrand und einigen Badeinseln auch eine Pirateninsel. **Käpt'n Golf** (www.kaeptngolf.de) nebenan bietet für abenteuerbegeisterte Kinder einen Minigolfplatz mit Kanuverleih.

Lädine ➡ D7
Bachstr. 17, Immenstaad

✆ (075 45) 901 09 29, www.laedine.de
Bei einer einstündigen Rundfahrt auf der nachgebauten Lädine »St. Jodok« erlebt man, wie man auf einem Rahsegler bis ins 19. Jh. den Bodensee entlang segelte.

Hagnau am Bodensee ➡ D7
Bereits anno 1010 wurde das Dorf Hagnau (1400 Einw.) erwähnt. Dank seinen fruchtbaren Böden entwickelte sich rasch Wein- und Obstanbau, ergänzt um Fischereibetriebe. Einige ehemalige Klosterhöfe prägen das Ortsbild, heute bergen sie meist Hotels oder Privatresidenzen. Berühmter Sohn des Dorfs war der Bürgerrechtler, katholische Gemeindepfarrer, Heimatschriftsteller und Gründer des Winzervereins Heinrich Hansjakob (1837–1916).

ℹ Tourist Information ➡ D7
Im Hof 1, 88709 Hagnau am Bodensee
✆ (075 32) 43 00-43, www.hagnau.de
Mo–Fr 9–12 und 14–18, Sa 9–12 Uhr

🏛 Hagnauer Museum ➡ D7
Im Hof 5, Hagnau am Bodensee
✆ (075 32) 91 39, www.hagnauer-museum.de
Mai–Okt. Do 15.30–18, So 14.30–17 Uhr
Eintritt € 4, bis 14 J. frei
Das als »vorbildliches Heimatmuseum« gekrönte Haus von 1714 dokumentiert die Zeit der Pfahlbauten sowie

Zeppelin über Hagnau

die Gründungsperiode der Winzergenossenschaft. Im Obergeschoss ist das Hagnauer Rathaus untergebracht.

Das kleine Museum ➡ D7
Neugartenstr. 20, Hagnau am Bodensee
✆ (075 32) 99 91
www.puppen-und-spielzeugmuseum.de
Mi, Sa/So 14–17 und auf Anfrage Eintritt € 4/1,50
Individuelle Führungen durch Spielzeug aus zwei Jahrhunderten mit etwa 50 Puppenstuben und erhaltenen Originalfiguren.

Keltenschenke ➡ D7
Dr.-Fritz-Zimmermann-Str. 3, Hagnau am Bodensee
✆ (075 32) 73 75, www.keltenschenke.de
Tägl. 11–24 Uhr
Beliebtes Restaurant im Zentrum von Hagnau mit sehenswerter türkisfarbener Fachwerkfassade. Die gutbürgerlichen Gerichte begleiten gute Hagnauer Tropfen zu angenehmen Preisen. €–€€

Winzerverein Hagnau ➡ D7
Strandbadstr. 7, Hagnau am Bodensee
✆ (075 32) 10 30, www.hagnauer.org
Der bereits im Jahr 1881 gegründete Verein, ein Zusammenschluss der Hagnauer Winzer, führt einen wohlsortieren Onlineshop mit erlesenen Tropfen. Das Anbaugebiet umfasst 150 ha, bewirtschaftet von 60 Winzerfamilien.

Anbaugebiet des Hagnauer Winzervereins

Eine Fahrt durch eine Bilderbuchlandschaft

Deutsche Alpenstrasse

Bayern

Die Deutsche Alpenstraße ist eine der ältesten und schönsten Strecken Europas. Sie windet sich ausgehend von Lindau am Bodensee entlang der Bayerischen Alpen, der wunderschönen natürlichen Grenze zwischen Deutschland und Österreich. Die Strecke von über 480 Kilometern östlich des Bodensees gewährt den Reisenden Einblick in eine der schönsten Regionen Deutschlands. Sie führt vorbei an altertümlichen Schlössern, malerischen Gasthöfen und Bergdörfern aus Häusern, die mit aufwendiger Malerei verziert sind, der sogenannten Lüftlmalerei.

Als Zwischenstopp bietet sich Garmisch-Partenkirchen an, das 1936 die Olympischen Winterspiele ausrichtete und Deutschlands höchsten Berg, die Zugspitze, beheimatet. Es ist ein leichter Aufstieg zum 2962 Meter hohen Gipfel des Berges, der atemberaubende Aussichten bietet.

Für die Deutsche Alpenstraße gibt es keinen besseren Abschluss als den Königssee bei Berchtesgaden. Da der See fast komplett vom Watzmanngebirge umgeben ist, lässt er sich am besten (und zugleich am schönsten) per Boot bewundern. Die Ruhe des tiefen Sees wird von den elektrischen, leisen Booten kaum gestört, wenn sie Besucher an der Kirche Sankt Bartholomä absetzen.

Sankt Bartholomä wurde erstmals im 11. Jahrhundert erbaut und etwa 600 Jahre später neu errichtet. Mit dem Königssee als Hauptattraktion ist dieser wunderschöne Fleck Deutschlands, der sich bis nach Österreich erstreckt, das Herzstück des Nationalparks Berchtesgaden. Auf dem 193 Kilometer langen Netz von Wanderwegen finden sich zahlreiche Berghütten mit Restaurants und in der gesamten Region bieten Gasthäuser und Pensionen Zimmer an.

Eine bayerische Ikone an der Deutschen Alpenstraße: die Wallfahrtskirche St. Bartholomä am Königssee bei Berchtesgaden.

Info: Die Alpenstraße ist 450 km lang, führt vom Bodensee bis nach Schönau am Königssee. **Info Deutsche Alpenstrasse:** Bayerische Fernwege e.V./Deutsche Alpenstraße, c/o Alpin Consult, Siedlerstr. 10, 83714 Miesbach, Tel. (080 25) 924 49 52, www.deutsche-alpenstrasse.de. **Reisezeit:** Zum Wandern im Frühsommer und September.

Deuring-Schlössle in der historischen Altstadt von Bregenz

Österreichisches Ufer

Die Reihenfolge der Vista Points folgt dem Uferverlauf von Ost nach West.

Der österreichische Anteil im Osten des Bodensees ist flächenmäßig klein, doch durch die Vorarlberger Landeshauptstadt Bregenz mit ihren Festspielen berühmt. Das Teilstück umfasst auch das Rheindelta mit dem Zufluss von Rhein, Altem Rhein sowie der Bregenzer Ach.

Neben Bregenz ist Dornbirn, bekannt durch moderne Architektur, eine weitere größere Stadt im Einzugsgebiet des Bodensees. Vom Bregenzer Hausberg Pfänder aus erstreckt sich eine tolle Aussicht auf die staatenübergreifende Bodenseelandschaft. Östlich reicht der Bregenzerwald bis an den Arlberg, dem Namensgeber des westlichen Bundeslands.

Bregenz ➡ G/H12
Die Hauptstadt des Bundeslands Vorarlberg mit ihren 30 000 Einwohnern ist gleichzeitig die älteste Stadt am Bodensee. Die Römer errichteten hier 15 v. Chr. die Stadt Brigantium, deren wechselhafte Geschichte anhand von Ausgrabungen nachgewiesen wird und einige Spuren hinterließ. Bregenz ist vor allem wegen seiner kulturellen Einrichtungen und Veranstaltungen ein beliebtes Reiseziel.

Die Schöne am Bodensee

BREGENZ

Bregenz, Vorarlberg

Vorn der Bodensee, hinten der Pfänder. Vorarlbergs Hauptstädtchen liegt reizvoll gestaffelt auf einem terrassenförmig zum Ostufer des Sees hin abfallenden Plateau. Die Unterstadt ist von moderner Architektur geprägt, von Festspiel-, Kongress- und Kunsthaus. Die Oberstadt zeigt sich romantisch mit einer zum größten Teil erhaltenen Stadtmauer aus dem 13. bis 16. Jahrhundert, mit Gassen, Fachwerkhäusern und alten Kastanien.

Wer Bregenz als Gesamtkunstwerk betrachten will, steigt den Hausberg Pfänder (1064 m) hinauf oder fährt mit dem Seilbähnle. Oben angekommen bieten sich wunderbare Blicke zurück auf Berge und See, sattgrüne Wiesen und schattige Tannenwälder.

Wer wandert, kann sich auf im Burgrestaurant Gebhardsberg mit feinstem Bodenseefisch zur herrlichen Aussicht von der Panoramaterrasse stärken. Hier lässt sich die Bodenseelandschaft studieren, links die Schweizer, rechts die deutsche Seite. Die Blicke bleiben an der spektakulären Seebühne hängen, die im Sommer bespielt wird. Die drei B machen den besonderen Charme der Stadt aus aus: Berge, Bodensee, Bregenzer Festspiele. Im Jahr 15 v. Chr. eroberten die Römer das keltische Brigantium, der Hafen wurde Zentrum der Bodenseeschifffahrt. Holz- und Kornhandel mehrten den Wohlstand.

1884 setzte man die Arlbergbahn auf ihre Gleise, das Zeitalter des Tourismus begann. Die heute 33000 Einwohner zählende Stadt wurde nie in ihrer Geschichte zerstört, sie besitzt Denkmäler vom Torbau aus dem 13. Jahrhundert über den barocken Martinsturm und die klassizistische Fassade des 1838 erbauten Kornhauses.

Bregenz aus der Vogelperspektive.

Architektonisch setzt Bregenz auch moderne Maßstäbe: Der 1997 eröffnete, milchgrüne gläserne Kubus des Kunsthauses wurde von dem Schweizer Architekten Peter Zumthor entworfen und gebaut. Von außen wirkt das Gebäude wie ein Leuchtkörper, der sämtliche Lichtwechsel und Wetteränderungen in Himmel und See absorbiert und zurückstrahlt. Präsentiert werden Wechselausstellungen zeitgenössischer Kunst.

INFO: Bregenz liegt am Ostufer des Bodensees. **INFO BREGENZ:** Rathausstr. 35 A, 6900 Bregenz, Tel. (055 74) 49 59-0, www.bregenz.travel. **INFO BURGRESTAURANT GEBHARDSBERG:** Gebhardsberg 1, 6900 Bregenz, Tel. (055 74) 425 15, www.greber.cc, Öffnungszeiten Mai–Sept. tägl. ab 10, Okt., Dez. und März/April tägl. außer Di ab 11, Jan./Feb. Mi–So ab 11 Uhr. Reservierung empfohlen, Preise auf Anfrage. **INFO KUNSTHAUS BREGENZ:** Karl-Tizian-Platz, 6900 Bregenz, Tel. (055 74) 485 94-0, www.kunsthaus-bregenz.at, Öffnungszeiten Di–So 10–18, Do bis 20 Uhr, Eintritt € 11, ermäßigt € 7, Kinder frei.

Die **Oberstadt** innerhalb der noch teilweise erhaltenen Stadtmauern entstand im Mittelalter. Der **Martinsturm** als Bregenzer Wahrzeichen besitzt die größte Turmzwiebel in Mitteleuropa und beherbergt im Erdgeschoss die **Martinskapelle**. Das alte **Rathaus** stammt aus dem 17. Jahrhundert. Einen Besuch lohnt das **Deuring-Schlössle**, in dem heute ein Hotelrestaurant untergebracht ist. Die **Unterstadt** reicht bis zur Seepromenade und wird von Gebäuden aus der Zeit der Habsburger Monarchie gesäumt, unter deren Herrschaft Bregenz seit dem 16. Jahrhundert stand. Im Kontrast stehen jedoch einige moderne Bauten wie das **Kunsthaus** und das Landhaus mit dem Sitz der Landesregierung.

Wer die Maut bei der Durchfahrt durch den Pfändertunnel sparen möchte und Bregenz sowie die folgenden Ortschaften durchfährt, wird neben langen Staus kein schönes Bild in Erinnerung behalten, denn die Reize von Bregenz liegen eher in der historischen Altstadt und in den oben gelegenen Ortsteilen.

i Bregenz Tourismus ➡ fB3
Rathausstr. 35 A, 6900 Bregenz
✆ (055 74) 49 59-0, www.bregenz.travel
Mo–Fr 9–18, Sa 9–12 Uhr

Pavillon an der Seepromenade in Bregenz

Oberstadt mit Deuring-Schlössle

Kunsthaus Bregenz ➡ fB3/4
Karl-Tizian-Platz, Bregenz
✆ (055 74) 485 94-0, www.kunsthaus-bregenz.at
Tägl. außer Mo 10–18, Do bis 20 Uhr, Eintritt € 11/9, bis 19 J. frei
Der Schweizer Architekt Peter Zumthor gestaltete das Kunsthaus 1997 in Form eines monolithischen Leuchtkörpers, der von innen Licht und Farbe nach außen gibt und auf das Innenleben neugierig macht. Es zählt zu den bedeutendsten Museen für zeitgenössische Kunst in Europa.

Künstlerhaus Bregenz ➡ fC3
Gallusstr. 10, Bregenz
✆ (055 74) 427 51, www.kuenstlerhaus-bregenz.at
Di–Sa 14–18, So 11–17 Uhr, Eintritt je nach Ausstellung
Die Berufsvereinigung bildender Künstlerinnen und Künstler Vorarlbergs präsentiert im Palais Thurn und Taxis ihre Werke.

Kloster Mehrerau ➡ G12
Mehrerauerstr. 66, Bregenz
✆ (055 74) 714 61, www.mehrerau.at
Seit Mitte des 19. Jh. bewohnen und pflegen Zisterziensermönche die mehrfach zerstörte und noch immer große Anlage des am westlichen Stadtrand Ende des 11. Jh. gegründeten Benediktinerklosters. Das Kloster kaufte im Jahr 1919 die Wallfahrtskirche Birnau am Überlinger See.

Blick vom Pfänder, dem Hausberg von Bregenz

Pfänder ➡ G13
Steinbruchgasse 4, Bregenz
✆ (055 74) 421 60-0, www.pfaenderbahn.at
Der Bregenzer Hausberg (1064 m) kann auf Wanderwegen, mit dem Mountainbike oder elegant mit der Seilbahn erklommen werden. Der Vierländer-Rundblick reicht über 240 Alpengipfel. Die Freizeitmöglichkeiten umfassen eine Greifvogel-Flugschau auf der Adlerwarte sowie einen Alpenwildpark. Am südwestlichen Hang des Pfänders liegt der Gebhardsberg als weiterer Aussichtspunkt, von der Burg Hohenbregenz ist nur noch eine Ruine übrig geblieben.

8 **Bregenzer Festspiele** ➡ fB1
Platz der Wiener Symphoniker 1, Bregenz
✆ (055 74) 40 76, www.bregenzerfestspiele.com
Die berühmten Freilicht-Festspiele im Juli und August widmen sich seit 1946 alle zwei Jahre einer anderen Oper, die in zumeist spektakulärer Bühnengestaltung Musikliebhaber nach Bregenz lockt. Seit 2019 steht für zwei Jahre »Rigoletto« auf dem Programm der Seebühne. Parallel dazu zeigt das Festspielhaus jährlich ein anderes Stück.

Füxl ➡ fB4
Anton-Schneider-Str. 5, Bregenz

Die schwimmende Opernbühne auf dem Bodensee

Bregenzer Festspiele

Bregenz, Vorarlberg

Wenn sich über Bregenz, wunderschön in die weit ausschweifende Ostbucht des Bodensees gestaffelt, das Dunkel herablässt, beginnen die Bühnenbilder der spektakulären Seebühne zu leuchten. Kunst auf einem bei Sturm von Wellen umtosten Fundament, aber festgezurrt und standhaft. Was wäre der Bodensee ohne diese dem Ufer vorgelagerte schwimmende Bühne, die größte der Welt, selbst im Guinness-Buch der Rekorde verzeichnet.

Ihre Geschichte begann 1946 mit zwei Kieskähnen im Gondelhafen, auf die im Sommer einige Bretter gelegt wurden, auf die sich dann einige wenige mutige Schauspieler und Sänger wagten. Heute steht die Bühne auf 200 massigen Pfählen, tief in den Seegrund abgesenkt. Mehr als 400 Akteure finden bei den allsommerlichen Opern-, Operetten-, Ballett- und Musicalaufführungen auf ihr Platz. Ihnen gegenüber sitzen knapp 7000 Zuschauer auf der Tribüne.

Mozarts »Zauberflöte«, Bizets »Carmen«, Umberto Giordanos Revolutionsdrama »André Chénier« oder zuletzt Verdis »Rigoletto« gingen hier ebenso über die Bretter wie die modernen Ballette und Musicals vom New Yorker Broadway sowie Konzerte von Orchestern mit berühmten Dirigenten und den besten Star-Sängern der Welt. Das macht Eindruck, weil die Stadt am Dreiländereck Österreich-Schweiz-Deutschland ein großartiges natürliches Kulissenpanorama dazu gibt. In Terrassen fällt das Plateau des Pfänders zum See hinab, andere Berge sind dazugestaffelt. Wenn der Mond scheint, die Sterne funkeln und der Wind vom See nicht zu rau ist, ist das Zuschauen und Zuhören ein einzigartiges Sinneserlebnis. Aber auch wenn der Wind mal Musikfetzen in die falsche Richtung peitscht, bleiben immer noch die visuellen Eindrücke.

Die Seebühne der Bregenzer Festspiele für die Verdi-Oper »Rigoletto« in der Saison 2019/20.

Fallen die Temperaturen, stellen die Veranstalter automatisch kuschelige Decken zur Verfügung. Dann holen die Zuschauer die Hände nur zum Klatschen aus der Verhüllung. Die wattstarken Scheinwerfer sind wie bunte Lichtfinger, die aus dem Dunkel nach der Bühne greifen, mitunter erfassen sie auch vorüber schippernde Dampfer, Boote und Yachten. Wird es aber zu kalt im Gebirge, wird die Veranstaltung in die funktionale Festhalle verlegt. Die Zuschauer haben es in diesem Fall nicht weit, sie befindet sich auf demselben Gelände.

Info: Bregenz liegt am Ostufer des Bodensees. **Info Bregenzer Festspiele:** Tel. (055 74) 40 76, www.bregenzerfestspiele.com.

✆ (055 74) 436 09, www.fuexl.com
Di–Sa ab 17 Uhr
Mit einer Vita von 18 Punkten im Gault Millau setzt Christoph Füxl im einstigen Restaurant Neubeck auf feinste Kulinarik und bietet kreative Inspiration für Auge und Gaumen. €€€

Kornmesser ➡ fB4
Kornmarktstr. 5, Bregenz
✆ (055 74) 548 54, www.kornmesser.at
Tägl. außer Mo 9–24 Uhr
Das 1720 erbaute Barockhaus am historischen Kornmarkt wurde bei der Renovierung in seinen Originalzustand versetzt. In hellem Ambiente sowie im Biergarten werden typische bayerische Gasthausgerichte serviert. €€

Wirtshaus am See ➡ fB2
Seepromenade 2, Bregenz
✆ 055 74) 4 22 10, www.wirtshausamsee.at
Tägl. 9–24 Uhr
Inmitten der Seeanlagen unweit der Festspiele gibt es regionale und internationale Speisen. €€

Theatercafe Troy ➡ fB4
Kornmarktstr. 4, Bregenz
✆ (055 74) 471 15, www.theatercafe.at
Di–Sa 8–19, So 9–19 Uhr
Seit über 50 Jahren sorgt das kleine Theatercafé am Kornmarkt mit eigener Konditorei und Schokoladenmanufaktur für klassische Kaffeehauskultur.

Rathausplatz mit Seekapelle

Bregenzerwald

Mit der Wälderbähnle geht es nach Schwarzenberg

Das östlich von Bregenz gelegene Waldgebiet entlang der Bregenzer Ach zwischen Albertschwende und Warth war bis vor tausend Jahren ein dicht bewaldetes Gebiet. Durch die Zugehörigkeit der einzelnen Ortschaften zu Bregenz bzw. zu Feldkirch ergibt sich eine Unterteilung in den vorderen und hinteren Bregenzerwald. Die 22 Dörfer in der Region bewohnen 30000 Einwohner und 35000 Kühe.

Eine touristische Attraktion ist das **Wälderbähnle**, eine Schmalspurbahn, die als Museumsbahn zwischen Bezau und Schwarzenberg verkehrt. Ursprünglich verlief die Strecke bis nach Bregenz, doch der größte Teil wurde bereits abgebaut. An Wochenenden von Juni bis September bedienen historische Dampf- und Dieselloks mehrmals täglich die Strecke. Neben erschlossenen Wanderwegen verfügt die Region auch über einige Skigebiete.

Beliebtestes Erzeugnis aus dem Bregenzerwald ist der Bergkäse. Viele Sennereien und Bauernhöfe haben sich zur »KäseStrasse Bregenzerwald« zusammengeschlossen. Dadurch lässt sich nicht nur der Käse überregional besser vermarkten, sondern Besucher können so auch die Entstehung des Käses von der Milch bis zum Laib in mehreren Schaukäsereien besichtigen.

Weitere Infos unter www.bregenzerwald.at

Wolford Factory Outlet Shop ➡ G12
Wolfordstr. 2, Bregenz
✆ (055 74) 690-18 64, www.wolford.com
Mo–Do 9–19.30, Sa 9–17 Uhr
Der bekannte Hersteller von Unterwäsche und Strumpfhosen unterhält einen Fabrikverkauf direkt im Hauptsitz am Rand von Bregenz.

Mili ➡ fA4
Reichsstraße, Bregenz
✆ (055 74) 44 24 20, www.stadtwerke-bregenz.at
Mitte Mai–Mitte Sept. bei schönem Wetter tägl. ab 10/11–18/19/20 Uhr, Eintritt € 5,20/2,60, bis 6 J. frei
Das 1825 gegründete einstige Militärbad in abgeschirmter U-Form auf Holzpfählen ist das älteste von insgesamt drei Traditionsbadehäusern am Bodensee.

Sanft buckelnde Landschaft

Dörfer im Bregenzerwald

Bregenzerwald, Vorarlberg

In den 22 Dörfern zwischen Bodensee und Arlberg leben so viele Menschen wie Kühe: jeweils rund 30 000. Die Region steigt vom See her hügelig und mit weit gestreuten Sonnenterrassen an. Je südlicher der Bregenzerwald wird, desto mehr zeigt er Hochgebirgscharakter mit steilen Felsen und breiten Auen. Der Zauber der Landschaft ist ihr sanftes Buckeln und sind die idyllisch eingesenkten Täler, am tiefsten eingeschnitten ist das Tal der Bregenzer Ache, das vom Hochtannberg bis zum Bodensee reicht. Hier liegen die meisten Dörfer, grasen die meisten der Kühe und hier gibt es auch die unumstritten schönsten Wandergebiete.

In den Dörfern des Bregenzerwalds wird die Dreistufenlandwirtschaft betrieben, die seit 2011 in die UNESCO-Liste des immateriellen Kulturerbes aufgenommen wurde. Als hübschestes Dorf gilt Schwarzenberg mit über 250 Jahre alten Holzhäusern und der barocken Pfarrkirche mit Apostelbildern und einem Hochaltargemälde der Malerin Angelika Kauffmann, die diese Werke in der zweiten Hälfte des 18. Jahrhunderts schuf und u. a. von Goethe bewundert wurde. Das Heimatmuseum trägt ebenso ihren Namen wie der Konzertsaal, in dem neben dem Dorfsaal jeden Sommer die Schubertiade Schwarzenberg stattfindet. Das Festival widmet sich eher weniger bekannten Werken von Franz Schubert und anderen Komponisten der Romantik.

Gleitflug vom Diedamskopf im Bregenzerwald.

Alberschwende, das Eingangstor zum Bregenzerwald, besitzt eine tausendjährige Linde, die immer noch blüht und duftet. Im Zentrum der Region liegen Lingenau und Egg. Von hier lässt sich der Bregenzerwald auf verschiedenen Wanderwegen per pedes erschließen. In Egg kann zudem das informative Heimat- und Trachtenmuseum, untergebracht in der alten Volksschule, besichtigt werden.

Von Bezau aus kann man mit der Museumsbahn Wälderbähnle nach Bersbuch fahren. Mutige starten hier oder am Diedamskopf zu einem Paraglider-Flug. Das Gelände sowie die Wind- und Thermikverhältnisse sind ideal, um sich in die Lüfte zu schwingen und den Bregenzerwald sowie den Bodensee von oben zu betrachten.

Im Winter fahren im Bregenzerwald 14 Lifte und Sesselbahnen bis auf 2500 Meter in die Höhe und erschließen 36 Pistenkilometer.

Info: Schwarzenberg liegt ca. 30 km östlich von Bregenz. **Info Bregenzerwald:** Bregenzerwald Tourismus, Gerbe 1135, 6863 Egg, Tel. (055 12) 23 65, www.bregenzerwald.at. **Info Paragliding:** Flugschule Bregenzerwald, Wilbinger 483, 6870 Bezau, Tel. (055 14) 31 77, www.gleitschirmschule.at, Tandemflug € 130, Thermikflug Mai–Sept. ab € 160.

Das Dampfschiff Hohentwil in seinem Heimathafen in Hard in Österreich

Rheindelta ➡ G11
Das Mündungsgebiet von Rhein und Alter Rhein sowie den Zuflüssen Bregenzer Ach und Dornbirner Ach ergibt ein Deltagebiet im Osten des Bodensees. An diesem Abschnitt liegen die Orte Höchst und Hard, deren Wanderwege ins 2000 Hektar große Naturschutzgebiet führen. Im Rheindelta leben etwa 330 Vogelarten.

Rheindeltahaus ➡ G11
Im Böschen 25, 6971 Hard
✆ (055 78) 744 78
www.rheindelta.org
April–Okt. Di–Fr 14–17, Sa/So 11–17 Uhr

Fischerheim am Schleienloch ➡ H11
Am rechten Rheindamm 60, Hard
✆ (055 78) 782 20, www.fischerheim.at
Mo, Do–Sa 11–23, So 9–21 Uhr
Restaurant inmitten herrlicher Naturlandschaft an der Rheinmündung. Der Name ist Programm: Natürlich überwiegen Fische, Fischsuppen und Meeresgerichte auf der umfangreichen Karte. €€

Destillerie Michelehof ➡ H11
Marktstr. 26, Hard
✆ (055 78) 724 12, www.michelehof.at
Der traditionelle Hof der Bauernfamilie Büchele hat sich auf die Kunst der Destillation von Edelbränden spezialisiert. Nach Terminabsprache sind Degustationen möglich.

Beliebtes Ausflugsziel: Rappenlochschlucht

Strandbad und FKK-Strand ➡ G11

Im Böschen 43, Hard
✆ (055 78) 836 82 30, www.hard-sport-freizeit.at
Das Sport- und Freizeitzentrum mit Eislaufplatz, Minigolf und Strandbad verfügt über einen 40 000 m² großen FKK-Strand inmitten des Naturschutzgebiets.

Dornbirn ➡ J12

Die Bedeutung der größten Stadt Vorarlbergs (50 000 Einw.) als wirtschaftliches Zentrum des westlichen Bundeslands geht auf den Aufstieg als Textilstadt im 20. Jahrhundert zurück. Heute ist Dornbirn eine bedeutende Messestadt und gilt durch das hier ansässige Vorarlberger Architektur Institut als ein Zentrum der modernen Gestaltung, die als »Neue Vorarlberger Bauschule« bekannt wurde.

Im Stadtbild fallen dennoch nur wenige sehenswerte Bauten auf, darunter die **St.-Martins-Kirche** von 1840 mit eindrucksvollem Säulenportal, das **Lugerhaus** aus der Zeit des Jugendstils sowie das **Rote Haus** von 1639, das seit Beginn als Gasthaus dient und schon manche wichtige historische Entscheidung miterleben durfte.

Die Umgebung bietet mit der **Rappenlochschlucht**, dem benachbarten Bergdorf Ebnit und der Industrieansiedlung Gütle sowie dem 976 Meter hohen Hausberg Karren interessante Ausflugsziele.

Tourist Information ➡ J12
Rathausplatz 1 A, 6850 Dornbirn
✆ (055 72) 221 88, www.dornbirn.info
Mo–Fr 9–18, Sa 9–12 Uhr

inatura Erlebnis Naturschau ➡ J12
Jahngasse 9, Dornbirn
✆ (055 72) 232 35-0, www.inatura.at
Tägl. 10–18 Uhr, Eintritt € 11,50/5,70
Das naturgeschichtliche Museum gehört mit seinem modernen Erlebnisansatz zu den interessantesten Naturmuseen in Vorarlberg.

Rolls-Royce-Museum ➡ J12
Gütle 11 A, Dornbirn
✆ (055 72) 526 52, www.rolls-royce-museum.at
Wechselnde Öffnungszeiten, im Sommer tägl. 10–18 Uhr, Eintritt € 6/3
Kurz vor dem Eingang in die Rappenlochschlucht liegt das dreistöckige Rolls-Royce-Museum von Franz Vonier in einem einstigen Spinnereigebäude. Auf 3000 m² sind nicht nur einige Originalfahrzeuge der englischen Königsfamilie zu bestaunen, sondern ebenso ein Nachbau der allerersten Werkstatt von Henry Royce.

Stadtmuseum ➡ J12
Marktstr. 11, Dornbirn
✆ (055 72) 330 77, www.stadtmuseum.dornbirn.at
Tägl. außer Mo 10–17 Uhr, Eintritt € 4/3, bis 19 J. frei
Das 200 Jahre alte Patrizierhaus am Marktplatz befasst sich auf drei Etagen mit der Geschichte von Dornbirn. Einen Schwerpunkt bildet das Textilmusterarchiv mit 300 000 Exponaten.

Rappenlochschlucht ➡ J13
Gütle, Dornbirn
www.rappenlochschlucht.at
Die Schlucht im Südosten von Dornbirn gehört zu den attraktivsten Ausflügen in die Natur in Vorarlberg. Seit dem 20. Jh. konnte man die Schlucht auf angelegten Stegen entlang der Dornbirner Ach besuchen. Nach vorübergehenden Umbauarbeiten durch den Einsturz der Rappenlochbrücke im Mai 2011 kann die Schlucht inzwischen wieder komplett durchwandert werden.

Zu bestaunen im Rolls-Royce-Museum in Dornbirn: die berühmte Kühlerfigur der Nobelmarke

Fürstentum Liechtenstein

Die konstitutionelle Erbmonarchie ist ein kleiner souveräner Staat zwischen der Ostschweiz und Österreich direkt an der Ostseite des Rheins. Die etwa 38 000 Einwohner leben auf 160 Quadratkilometern in elf Gemeinden und pflegen Hochdeutsch als Amtssprache.

Das kleine Land verfügt über ein eigenes Mobilfunknetz und eigene Briefmarken, die im **Briefmarkenmuseum** von Vaduz unbedingt besichtigt werden sollten. Das Fürstentum unterhält eine Zollunion mit der Schweiz mit dem Schweizer Franken als Währung, ist jedoch im Gegensatz zur großen Schwester Mitglied des Europäischen Wirtschaftsraums (EWR).

Das Wahrzeichen des Fürstentums ist das im 12. Jahrhundert erbaute **Schloss Vaduz**, das als ständiger Wohnsitz der Fürstenfamilie jedoch nicht besichtigt werden kann. Der Hauptort Vaduz mit seiner reizvollen Hauptstraße **Städtle** ist einen Besuch wert.

Weitere Infos unter www.tourismus.li

Schloss Vaduz: Wohnsitz des Fürsten von Liechtenstein

Rotes Haus von Dornbirn

Rotes Haus ➡ J12
Marktplatz 13, Dornbirn
✆ (055 72) 315 55, www.roteshaus.at
Tägl. außer Mo 11.30–14.30 und 17.30–24 Uhr
Im unter Denkmalschutz stehenden Haus am Marktplatz aus dem Jahr 1639 mit farbenfrohem Holzinterieur liegt der Schwerpunkt auf Steaks und österreichischen Gerichten. Es gilt als wohl berühmtestes Restaurant der Umgebung. €€–€€€

Hohenems ➡ südl. J11
Oberhalb der südlich von Dornbirn gelegenen kleinen Stadt (16 600 Einw.) thront die Ruine Alt-Ems, eine Burganlage aus dem 12. Jahrhundert. Die später entstandene Burg Neu-Ems gehört heute noch der Grafenfamilie Waldburg-Zeil-Hohenems. Wichtigstes Gebäudeensemble ist der als Residenzschloss genutzte **Palast Hohenems** im Renaissancestil. Berühmt wurde die Bibliothek des Palasts als Fundort von zwei der drei mittelalterlichen Handschriften des Nibelungenlieds. Das einstige Gästehaus bildet das heute mit Efeu bedeckte Rathaus. Hohenems verfügte ab dem 17. Jahrhundert über eine große jüdische Gemeinde, deren **Synagoge** von 1772 zwischenzeitlich als Feuerwehr diente und als heutiger Salomon-Sulzer-Saal wieder annähernd original rekonstruiert wurde.

Tourist Information ➡ südl. J11
Marktstr. 2, 6845 Hohenems

✆ (055 76) 427 80, www.hohenems.at
Mo–Do 9–12 und 13.30–18, Fr 9–12 und 13.30–17 Uhr

Jüdisches Museum ➡ südl. J11
Schweizer Str. 5, Hohenems
✆ (055 76) 739 89-0, www.jm-hohenems.at
Tägl. außer Mo 10–17 Uhr, Eintritt € 8/5, bis 16 J. frei
An die gut 300-jährige Geschichte der landjüdischen Gemeinde in Hohenems erinnert die Ausstellung in der Villa Heimann-Rosenthal von 1864.

Museum Stoffels Säge-Mühle ➡ südl. J11
Sägerstr. 11, Hohenems
✆ (055 76) 724 34
www.museum-stoffels-saege-muehle.at
Ende April–Okt. tägl. 9–18 Uhr, Eintritt € 2,20/1,50
Das einzigartige Museum in der Säge-Mühle dokumentiert auf 600 m² die kulturhistorische Bedeutung der Mühlentechnik aus 2000 Jahren.

Palast Hohenems ➡ südl. J11
Schlossplatz 8, Hohenems
✆ (055 76) 778 88, www.palast-gastronomie.at
Mo–Sa 17–24, So 11–24 Uhr
Vornehmes Restaurant im geschichtsträchtigen Palast von Hohenems mit verschiedenen Räumlichkeiten und Sommergarten unter einer Rotbuche. Ab 22 Uhr »all you can eat«. €€–€€€

Statuen und Reliefs im Innenhof des Palastes Hohenems

Höchster Berg am Bodensee

DER PFÄNDER

Lochau, Vorarlberg

Vierländerblick nennen die Bregenzer das Panorama voll Stolz, schließlich kann man auf ihrem Hausberg, dem 1064 Meter hohen Pfänder, bei klarem Wetter auf Bergketten in Österreich, der Schweiz, Liechtenstein und

Mit der Pfänderbahn schwebt es sich in kürzester Zeit dem herrlichen Bodenseepanorama entgegen.

Deutschland sehen, man schaut auf die sanften Ausläufer des Schwarzwaldes und, dreht man sich ein wenig, so hat man die schroffen Gipfel der Silvretta im Visier. Zudem lässt sich der Bodensee in Längsrichtung von keiner anderen Stelle aus besser überblicken.

Für die Bregenzer ist ein Ausflug auf ihren Hausberg so eine Art Wundermittel, das gegen Stress hilft und den Alltagsblues vertreibt. Selbst im Herbst, wenn dichter Nebel am See die Tage trübt, kann man oben oft doch die Sonne sehen und dann scheint es, als schaue man vom Pfänder auf ein weißes Wattemeer herab. Mit dem Auto fährt man über Lochau auf den Berg. Nur wenige Minuten dauert die Fahrt mit der Kabinenschwebebahn, die rund ums Jahr Bregenz und Pfänderspitze verbindet. Selbstverständlich geht es auch zu Fuß hinauf. Beim kurzen, aber knackigen Aufstieg ab der Pfänderbahn-Talstation sind 600 Höhenmeter zu überwinden. Oben angekommen bietet sich eine kleine Wanderung durch den Alpenwildpark an, wo sich Steinböcke, Rothirsche, Muffelwild und Murmeltiere tummeln. Oder eine Einkehr im Panoramarestaurant. Für mehr Bewegung bieten sich mehrere Rundwanderrouten an, die in eineinhalb bis drei Stunden zu schaffen sind. Mit herrlichem Ausblick auf den Bodensee und die Bregenzer Wälder lockt auch der Käse-Wanderweg, der zu traditionell bewirtschafteten Sennereien führt, wo man den wunderbar würzigen Vorarlberger Bergkäse kosten und kaufen kann.

INFO: Der Pfänder liegt etwa 9 km östlich von Bregenz in der Gemeinde Lochau. **INFO PFÄNDERBAHN:** Talstation (mit Parkhaus) in der Schillerstraße, 6900 Bregenz, Tel. (055 74) 42 16 00, www.pfaenderbahn.at, tägl. 8–19 Uhr, Abfahrten zur vollen und halben Stunde (bei Hochbetrieb im 6-Min.-Takt), einfache Fahrt € 7,70, Kinder € 3,80; Berg- und Talfahrt € 13,20, Kinder € 6,60. **INFO ALPENWILDPARK PFÄNDER:** An der Bergstation, Tel. (055 74) 421 84, www.pfaender.at, tägl. geöffnet, Eintritt frei.

Benediktiner Stift St. Gallen

Schweizer Ufer

Die Reihenfolge der Vista Points folgt dem Uferverlauf von Ost nach West.

Die Schweizer Seite des Obersees erstreckt sich von Kreuzlingen bis nach Altenrhein unmittelbar vor der österreichischen Grenze. Die Städte Rorschach, Arbon und Romanshorn sowie Kreuzlingen als Nachbar von Konstanz stehen in ihrem Erscheinungsbild im Vergleich zu Meersburg und Lindau auf der gegenüberliegenden Seeseite sicherlich zurück, dafür sorgt im Hinterland mit St. Gallen eine bedeutende Metropole für interessante Erkundungen und kulinarische Erlebnisse. Berühmt vor allem durch den Stiftsbezirk mit seinem Kloster bietet St. Gallen eine Vielzahl an Museen und ein überregional bedeutendes Stadttheater.

Ohnehin liegen besonders in der Umgebung des Schweizer Ufers reizvolle Ausflugsziele in den Kantonen Thurgau, St. Gallen sowie Appenzell-Innerrhoden und -Ausserrhoden. Beim Namen Appenzellerland fällt jedem sofort der berühmte Käse ein. Heiden war schon früher ein beliebter Kurort und zugleich letzte Wohnstätte von Henry Dunant, dem Gründer des Internationalen Roten Kreuzes. Vor allem liegt auf dieser Seite des Sees der Säntis, der höchste Berg der Bodenseeregion. Als Exkursion ist außerdem der Weg nach Vaduz ins Fürstentum Liechtenstein empfehlenswert.

St. Gallen ➡ H/J7/8
Die gut 76 000 Einwohner zählende Hauptstadt des gleichnamigen Kantons liegt eingebettet zwischen den beiden Hügeln Rosenberg und Freudenberg. Ihren Namen verdankt die Stadt dem irischen Mönch St. Gallus, der um 612 vom Bodensee aus im Hochtal der Steinach eine Einsiedlerklause errichtete. Um seine Zelle herum entstand im 8. Jahrhundert das Kloster und später die Stadt. Durch die Stiftsbibliothek erhielt St. Gallen weitreichende Bedeutung. Der Aufschwung resultiert allerdings aus der blühenden Textilindustrie im 16. Jahrhundert: Noch um 1910 wurde hier die halbe Weltproduktion an Stickereien hergestellt. Heute ist St. Gallen auch durch seine Universität und sein Theater bekannt.

Ein Königreich für Bücher

Stiftsbibliothek St. Gallen

St. Gallen, Kanton St. Gallen

Otmar von St. Gallen gründete um 710 die Fürstabtei dem Einsiedler Gallus zu Ehren. Sie sollte der später entstandenen Stadt den Namen geben. In der Bibliothek des Benediktinerstifts enstanden bedeutende Werke der frühmittelalterlichen Buchmalerei. Aus seiner Blütezeit sind in der Bibliothek 2000 Handschriften bis heute erhalten. Unter anderem deswegen steht der Stiftsbezirk seit 1983 auf der UNESCO-Liste des Weltkulturerbes. Er umfasst die dominierende einstige Stiftskirche und heutige Kathedrale, den Westflügel mit der sehenswerten Stiftsbibliothek, die Neue Pfalz sowie die Flügelgebäude, in denen das Staatsarchiv untergebracht ist.

Die Kathedrale gilt als eine der letzten monumentalen barocken Klosterbauten und wurde durch Johann Michael Beer 1767 vollendet. Die Frontfassade mit den beiden 68 Meter hohen Türmen ist das Wahrzeichen von St. Gallen. Auffallend in der lang gestreckten Form: die Rotunde in der Mitte der Kirche, die Chor und Langhaus verbindet. Das Interieur ist dem Barock entsprechend üppig mit Stuck versehen und prächtig ausgemalt. Die Ostkrypta mit dem Grab des heiligen Gallus sowie die Westkrpyta gehen bis ins 9. Jahrhundert zurück.

Die Stiftsbibliothek in St. Gallen zählt zu den ältesten und schönsten ihrer Art weltweit. Der kunstvoll im Rokokostil geschmückte Saal entstand etwa gleichzeitig mit der Kathedrale durch Peter Thumb. Für die beeindruckende Atmosphäre des Bibliothekssaals sorgt die Verbindung des geschwungenen Holzwerks mit dem Licht durch die 34 Fenster.

Insgesamt besitzt die Stiftsbibliothek etwa 150 000 Bände und Handschriften, von denen nur 30 000 im Saal aufgestellt sind. Von großem Wert sind die 400 Bände aus dem ersten Jahrtausend, weltberühmt der karolingische Klosterplan aus dem Jahr 820. Er zeigt zwar nicht das Kloster St. Gallen, dient aber als Musterbeispiel für entsprechende Anlagen.

St. Gallen, die etwa 75 800 Einwohner zählende Hauptstadt des gleichnamigen Kantons, liegt eingebettet zwischen den beiden Hügeln Rosenberg und Freudenberg. Der Aufschwung der Stadt resultierte aus der blühenden Textilindustrie im 16. Jahrhundert, um 1910 wurde hier die halbe Weltproduktion an Stickereien hergestellt. Ihr guter Ruf gründet heute vor allem auf ihrer Universität und dem Stadttheater.

Info St. Gallen: St. Gallen-Bodensee Tourismus, Bankgasse 9, 9001 St. Gallen, Tel. (071) 227 37 37, www.st.gallen-bodensee.ch. **Info Stiftsbibliothek:** Klosterhof 6 D, St. Gallen, Tel. (071) 227 34 16, www.stiftsbezirk.ch, Öffnungszeiten Bibliothek tägl. 10–17 Uhr, Eintritt Barocksaal CHF 12, ermäßigt CHF 9, Kathedrale tägl. 7–18.30 Uhr, Eintritt frei.

Prächtiger Barock: Stiftsbibliothek St. Gallen.

Erker an der Spisergasse in St. Gallen

Der Bahnhof St. Gallen liegt im Westen des Zentrums mit einigen Jugendstilgebäuden in der Umgebung. Ebenfalls westlich liegt die **Kunstinstallation Stadtlounge**: rot markierte Straßen mit Sitzgelegenheiten unter Bäumen mit speziellem Licht. Den Eingang in die fußläufige Altstadt markiert die Mustergasse, die zum **Bärenplatz** führt, dem zentralen Platz der historischen Gassen. Von der großen Textilepoche der Stadt zeugen prächtige Bürgerhäuser mit Erkern, besonders in der Spisergasse. Von der ursprünglich spätgotischen Laurenzenkirche, seit 1520 die reformierte Hauptkirche, führt der Weg in den 9 **Stiftsbezirk**. Das Brühltor führt in den Osten des Zentrums mit den großen Museen und dem Stadttheater.

Tourist Information ➡ gB2
Bankgasse 9, 9001 St. Gallen
✆ 071 227 37 37, www.st.gallen-bodensee.ch
April–Okt. Mo–Fr 9–18, Sa 9–15, So 10–15, Juli/Aug. Sa/So bis 16, Nov.–März Mo–Fr 10–18, Sa/So 10–14 Uhr

Historisches und Völkerkundemuseum ➡ gB3
Museumstr. 50, St. Gallen
✆ 071 242 06 42, www.hvmsg.ch
Tägl. außer Mo 10–17 Uhr, Eintritt CHF 12/6
Die bedeutendste kulturgeschichtliche Sammlung der Nordostschweiz reicht von der Ur- und Frühgeschichte bis zur Wohnkultur des 19. Jh. Der internationalen Verflechtung durch die Textilindustrie verdankt das Museum eine bedeutende völkerkundliche Sammlung.

Stilistische Gegensätze in St. Gallen: die Kunstinstallation Stadtlounge und…

... das barocke Deckengemälde der Mittelrotunde in der Stiftskirche St. Gallus und Otmar

Kunst- und Naturmuseum ➡ gB3
Museumstr. 32, St. Gallen
✆ 071 242 06 71 (Kunstmuseum)
✆ 071 242 06 70 (Naturmuseum)
www.kunstmuseumsg.ch, www.naturmuseumsg.ch
Tägl. außer Mo 10–17, Mi bis 20 Uhr
Eintritt CHF 12/6 (pro Museum)
Zwei Museen in einem historischen Gebäude. Das Naturmuseum präsentiert zehn thematische Bereiche von Fischsauriern bis zum Leben in der Vorzeit. Das Kunstmuseum umfasst Gemälde der niederländischen Malerei des 17. Jh. bis zur klassischen Moderne mit Schwerpunkten auf Ferdinand Hodler und der Appenzeller Bauernmalerei.

Textilmuseum ➡ gB2
Vadianstr. 2, St. Gallen
✆ 071 222 17 44, www.textilmuseum.ch
Tägl. 10–17 Uhr, Eintritt CHF 12/5, bis 16 J. frei
Das Museum widmet sich der einst weltweit erfolgreichen Textilproduktion aus St. Gallen und Umland. Neben aktuellen Modetrends aus der Schweizer Textilindustrie erinnert eine letzte verbliebene Handstickmaschine an die Tätigkeiten der Stadt.

9 Stiftsbezirk ➡ gB/gC2
Klosterhof 6 D, St. Gallen
✆ 071 227 34 16, www.stiftsbezirk.ch
Tägl. 10–17 Uhr, Eintritt CHF 12/9

Sie zählt zu den bedeutendsten Bibliotheken der Welt: die Stiftsbibliothek St. Gallen

Otmar von St. Gallen gründete dem Einsiedler Gallus zu Ehren um 719 eine Abtei, die bereits den Namen der heutigen Stadt trug. Das Benediktinerstift war für viele Gelehrte ein Zufluchtsort und sammelte in seiner Bibliothek 2000 teilweise noch heute erhaltene Handschriften. Nach der Auflösung der Fürstabtei im Jahr 1805 blieb die Bücherei erhalten, der kunstvoll im Rokokostil geschmückte Saal von 1763 zählt zu den schönsten seiner Art auf der Welt. Die Kathedrale von 1766 gilt neben Einsiedeln als prächtigster Barockbau in der Schweiz. Der gesamte Stiftsbezirk gilt als UNESCO-Weltkulturerbe.

Theater St. Gallen ➡ gB3
Museumsstr. 24, St. Gallen
✆ 071 242 06 06, www.theatersg.ch
Das einzige Dreispartentheater der Ostschweiz gilt als ältestes bespieltes Berufstheater des Landes und verfügt dank erstklassiger Produktionen besonders im Musicalbereich über einen Ruf, der weit über die Schweiz hinausgeht. Die 1909 im Jugendstil gefertigte Tonhalle gegenüber dem Stadttheater dient dem Sinfonieorchester sowie als Aufführungsort für Konzerte, Kleinkunst und Kabarett.

Gaststuben zum Schlössli ➡ gB2
Zeughausgasse 17, St. Gallen
✆ 071 222 12 56, www.schloessli-sg.ch
Mo–Fr 11–14 und 18–23 Uhr

Im schlossartigen Gebäude (Ende 16. Jh.) wird auf kreative Küche aus einheimischen Zutaten gesetzt. Das Schlössli hält 14 Gault-Millau-Punkte sowie die Auszeichnung »Historisches Hotel/Restaurant des Jahres«. €€€

Wirtschaft zur Alten Post ➡ gB2
Gallusstr. 4, St. Gallen
✆ 071 222 66 01, www.apost.ch
Di–Sa 11.30–14 und ab 17.30 Uhr
Wie in St. Gallen häufig üblich liegt die gepflegte Gaststube der 450 Jahre alten Wirtschaft im ersten Stock. In zwei historischen Gasträumen wird frische Küche von regional bis exotisch zelebriert. €€–€€€

Wienerberg ➡ J8
Bodanstr. 2, St. Gallen
✆ 071 222 16 35, www.wienerberg.info
Mo–Fr 11.30–14 und 17.30–23, Sa 18–23 Uhr
Man möchte meinen, Österreich liege nicht so weit entfernt von St. Gallen: Das nostalgisch anmutende Restaurant im Stil der Belle Epoque serviert leckeres Wiener Schnitzel und weitere Klassiker. €€

Seeger ➡ gB2
Oberer Graben 2, St. Gallen
✆ 071 222 97 90, www.seeger.ch

Stickereien im Textilmuseum St. Gallen

Blick auf die Altstadt und den Stiftsbezirk St. Gallen

Mo–Do 8–24, Fr/Sa 8–1, So 9–22 Uhr
Das über 100 Jahre alte, stilvolle Restaurant mit Bar und Lounge im Obergeschoss zählt seit eh und je zu den beliebten Treffpunkten in St. Gallen. Auf zwei Etagen gibt es gute Musik von Pop bis House zum Abtanzen. €€

Café Pelican ➡ gB2
Schmiedgasse 15, St. Gallen
✆ 071 222 21 77, www.chocolaterie-koelbener.ch
Mo–Fr 7–18, Sa/So 8.30–17 Uhr
Historisches Kaffeehaus mit faszinierendem Erker und hauseigener Chocolaterie. Beliebt zum Sonntagsbrunch, dazu gibt es auch laktosefreie Kaffeespezialitäten. €

Labhart Chronometrie ➡ gB2
Marktgasse 23, St. Gallen
✆ 071 222 50 60, www.chronometrie.ch
Di, Mi und Fr 9–18.30, Do 9–20, Sa 9–17 Uhr
Seit 125 Jahren verkauft und repariert Labhardt Uhren und bietet Goldschmiedearbeiten. Das Highlight ist das Spieldosenkabinett im Obergeschoss. Vorführung der Spieldosen Di–Sa jeweils um 11 Uhr.

Appenzellerland ➡ südl. J8
Wer Appenzell hört, denkt zunächst an guten Käse. Der einstige Kanton wurde zur Reformationszeit anno 1597 in zwei Halbkantone aufgeteilt: Das katholische Appenzell-Innerrhoden umfasst den Ort Appenzell

Ziegenherde im Appenzeller Land

Der Säntis, höchster Berg der Ostschweiz

selbst, im protestantischen Appenzell-Ausserrhoden liegt des Kantons höchster Berg **Säntis** (2502 m), das hübsche Heiden sowie der Hauptort Herisau. Die gesamte Landschaft beider Halbkantone wird Appenzellerland genannt und ist bei Wanderern wie Mountainbikern beliebt. Viele Bräuche und Feste, bei denen die Einwohner in althergebrachten Trachten auftreten, werden im traditionsreichen Gebiet noch heute gepflegt und gefeiert. Appenzell ist auch bekannt dafür, dass das Frauenwahlrecht erst 1990 eingeführt wurde.

Ein Schmuckstück ist der Ort Appenzell (5800 Einw.) mit seinen bemalten Holzhäusern und ihren auffallenden Giebeln. Die meisten wurden nach einem verheerenden Brand im Jahr 1560 gebaut und sorgen noch heute für ein geschlossenes Ortsbild.

Tourist Information ➡ südl. J8
Hauptgasse 4, 9050 Appenzell
✆ 071 788 96 41, www.appenzell.info
Mai–Okt. Mo–Fr 9–12 und 13.30–18, Sa 10–17, So 11–17, Nov.–April Mo–Fr 9–12 und 14–17, Sa/So 14–17 Uhr

Appenzeller Volkskundemuseum ➡ südl. J8
Dorf, Stein
✆ 071 368 50 56, www.appenzeller-museum.ch
Tägl. außer Mo 10–17 Uhr, Eintritt CHF 7/3,50
Im selben Ort wie die berühmte Schaukäserei zeigt die

Lieblicher Ort, würziger Käse

Appenzell und der Käse

Kantone Appenzell-Außer-/Innerrhoden

Seit mehr als 700 Jahren wird im Appenzellerland zwischen Alpstein und Bodensee Käse hergestellt. Das Besondere ist sein würziger Geschmack, der während der drei- bis sechsmonatigen Reifezeit beim Wenden der Laibe durch Zugabe einer geheimnisvollen Kräutersulz entsteht. Wesentlich zum Geschmack trägt natürlich auch die naturbelassene Rohmilch der Appenzeller Kühe bei, die u. a. aus der Region um den Säntis (2502 m) stammen und mit sogenanntem Kräutergras und -heu gefüttert werden. Die Käser im Appenzellerland können auf eine lange Tradition stolz sein: Die Käseherstellung ist zum ersten Mal in einer Urkunde von 1282 bezeugt, die sich im Stiftsarchiv St. Gallen befindet. Käse zählten damals zu den wichtigsten Abgaben, welche die Bevölkerung an das Kloster leisten musste. Um die Echtheit zu gewährleisten, haben sich 52 Dorfkäsereien eines begrenzten Produktionsgebiets zusammengeschlossen und produzieren das Markenprodukt »Appenzeller Switzerland«. Bei dessen Herstellung kann man in der Appenzeller Schaukäserei in Stein und im Anschluss im Restaurant den köstlichen Käse verkosten.

Der sehenswerte Ort Hauptort Appenzell (5800 Einwohner) ist aus der 1069 erbauten Pfarrei Abbacella (Abtzelle) hervorgegangen.

Viele Bräuche und Feste, bei denen die Bewohner in ihren Trachten auftreten, halten die Tradition lebendig. In der Schweiz ist das Appenzellerland dafür bekannt, dass die Moderne etwas länger braucht: Ein Beispiel dafür ist, dass das Wahlrecht für Frauen hier erst 1990 eingeführt wurde.

Übrigens: Das Appenzellerland ist außer bei Käsefreunden auch bei Wanderern und Mountainbikern gleichermaßen beliebt.

Info: Appenzell liegt ca. 18 km südlich von St. Gallen. **Info Appenzellerland:** Tourismusverband, Hauptgasse 4, 9050 Appenzell, Tel. (071) 788 96 41, www.appenzell.info. **Info Appenzeller Schaukäserei:** Dorf 711, 9063 Stein, Tel. (071) 368 50 70, www.schaukaeserei.ch, Öffnungszeiten tägl. Mai–Okt. 9–18.30, Nov.–April 9–17.30 Uhr, Eintritt frei.

Schaukäserei in Stein im Appenzellerland.

Ein Alpensteinbock (Capra ibex) im NaturErlebnispark Schwägalp/Säntis

Stiftung für Volkskunde das bäuerliche Brauchtum der Sennenkultur und die textilwirtschaftliche Geschichte des Kantons Appenzell-Ausserrhoden.

Museum Appenzell ➡ südl. J8
Hauptgasse 4, Appenzell
✆ 071 788 96 31, http://museum.ai.ch
April–Okt. Mo–Fr 10–12 und 13.30–17, Sa/So 11–17, Nov.–März tägl. außer Mo 14–17 Uhr, Eintritt CHF 7/4
Das kulturhistorische Museum von Appenzell-Innerrhoden zeigt historische Trachten und Stickereien, örtliches Handwerk und Brauchtum sowie wechselnde Sonderausstellungen.

Appenzeller Schaukäserei ➡ südl. J8
Dorf 711, Stein
✆ 071 368 50 70, www.schaukaeserei.ch
Mai–Okt. 9–18.30, Nov.–April 9–17.30 Uhr, Eintritt frei
Während einer kostenlosen Führung kann man in diesem Betrieb die Herstellung des bekannten Käses besichtigen. Im angeschlossenen Restaurant wird der Käse verkostet.

Marktplatz ➡ südl. J8
Kronengarten 2, Appenzell
✆ 071 787 12 04, www.marktplatz-appenzell.ch
Mi–Sa 11–14 und 17.30–23 Uhr
Gutbürgerliche Küche in der heimeligen Atmosphäre einer typischen Appenzellerstube mit allerlei Schnitzerarbeiten an Tischen und Wänden. €€

Hoher Kasten ➡ südl. J8
Brülisau
✆ 071 799 13 22, www.hoherkasten.ch
Während der Säntis wohl der berühmteste Berg im Appenzellerland ist, gilt der Hohe Kasten (1795 m) im Südosten hinter Brülisau als Hausberg von Appenzell. Wer die Seilbahn besteigt, kann sich im Drehrestaurant verköstigen und den Gipfelrundweg durch den Alpengarten absolvieren.

Kronberg ➡ südl. J8
Jakobsbad
✆ 071 794 12 89, www.kronberg.ch

Der größte Berg im Bodenseeraum

SÄNTIS

Schwägalp, Kanton Appenzell-Außerrhoden

Der 2502 Meter hohe Säntis ist der höchste Berg im Alpsteinmassiv und bietet dank seiner vorgelagerten Position die beste Aussicht über die gesamte Bodenseeregion. Auch wenn der Säntis von überall sichtbar ist, entpuppt sich die Anreise doch länger als geglaubt. Eine Schwebebahn bringt Besucher von Schwägalp in 20 Minuten auf den Gipfel mit seinen Funkantennen und einem Ausflugsrestaurant. Schon 1880 gab es dort oben eine Wetterstation, als der Aufstieg mangels Seilbahn noch beschwerlich war. Hier ereignete sich 1922 ein Mord an den Betreibern der Wetterwarte, der den Berg überregional bekannt machte.

Der Säntis diente schon immer als Wetterprophet. Meteo Schweiz erhält die Vorschau direkt vom Säntis, und auch die einheimischen Bauern wissen seit Jahrhunderten seine Spitze zu deuten. Das häufig schnell wechselnde Wetter sollten auch Wanderer entlang der ausgeschilderten Wege immer im Blick haben, wenn sie etwa von Wasserauen über den Seealpsee oder die Ebenalp auf den Gipfel und über das Gasthaus Tierwis wieder hinunter zur Schwägalp stiefeln, wo »Säntis – das Hotel« (68 Zimmer) mit Restaurant und Sonnenterrasse eröffnet wurde. Während der Hochsaison sorgt dort auch das Selbstbedienungsrestaurant Chammhalde für eine gelungene Einkehr.

Die einzigartige Naturlandschaft bringt der NaturErlebnispark näher: Auf vier Themenwegen informiert er über die Moorlandschaft, die Alpwirtschaft, das Waldgebiet sowie die Wechselwirkung von Mensch und Umwelt, wie sich etwa im Tourismus niederschlägt.

INFO: Die Talstation liegt ca. 32 km südlich von St. Gallen. **INFO SÄNTIS-SCHWEBEBAHN:** 9107 Schwägalp, Tel. (071) 365 66 00, www.saentisbahn.ch, Fahrten tägl. alle 30 Min. Feb.–Mitte Mai 8.30–17, Mitte Mai–Mitte Okt. 7.30–18, Mitte Okt.–Jan. 8.30–17 Uhr, Berg-Talfahrt CHF 45, Kinder CHF 22,50, unter 6 J. frei. **INFO NATURERLEBNISPARK:** 9107 Schwägalp, Tel. (071) 365 65 65, www.naturerlebnispark.ch, tägl. geöffnet, Eintritt frei.

Wanderpfad nahe dem Gipfel am Säntis.

Blick vom Hohen Kasten auf das Rheintal

Der Kronberg (1663 m) westlich von Appenzell ist ein weiterer Ausflugsberg, der ab Jakobsbad per Seilbahn erklommen wird. Neben Wanderwegen mit toller Aussicht sorgen Bobbahn und Seilbahn für Action.

Säntis ➡ südl. J8
Schwägalp
✆ 071 365 65 65, www.saentisbahn.ch
Der mit 2502 m höchste Berg der Ostschweiz ist gleichzeitig die höchste Erhebung unweit vom Bodensee. Am Startpunkt Schwägalp berichtet ein Natur-Erlebnispark über Geologie und Alpwirtschaft der Region. Nach dem Aufstieg per Schwebebahn offenbart sich eine Aussicht über sechs (Bundes-)Länder. Mehrere Wanderungen führen vorbei an Wasserauen über den Säntis bis hinab zur Schwägalp.

Heiden ➡ H9
Auf 810 Metern Höhe liegt auf einer Sonnenterrasse oberhalb des Bodensees der Kurort Heiden (4200 Einw.), dessen klassizistisches Ortsbild mit Empire-Elementen eher an eine Stadt des frühen 19. Jahrhunderts erin-

nert. Durch einen großen Brand anno 1838 entstand ein einheitliches urbanes Erscheinungsbild. Gerne wird Heiden auch »Biedermeierdorf« genannt. Kurz nach dem Wiederaufbau entwickelte sich Heiden zu einem Molkekurort. Der Ort ist vor allem durch **Henry Dunant** bekannt, der 1863 das Internationale Rote Kreuz gründete und später im hiesigen Spital wohnte. Touristisch ist der hübsche Ort jedoch nach wie vor ein Geheimtipp.

Heiden wird entweder per Auto oder aber per Zahnradbahn von Rorschach aus erreicht. Die Natur des Appenzellerlands bietet eine Vielzahl von Ausflügen und Wanderungen. Beliebt ist der **Witzwanderweg**, der anhand von 80 Tafeln den Humor der Appenzeller beschreibt und bis nach Walzenhausen führt.

Der Weg von Heiden bis nach Grub führt zum Fünfländerblick (899 m), der zwar nicht bis nach Frankreich und Italien reicht, aber dennoch Schweiz, Vorarlberg, Bayern, Baden und Württemberg umfasst.

70 Tafeln über Heilpflanzen und Naturheilverfahren begleiten den 14 Kilometer langen **Gesundheitsweg** von Heiden bis Oberegg.

Henry-Dunant-Museum ➡ H9
Asylstr. 2, Heiden
✆ 071 891 44 04, www.dunant-museum.ch
April–Okt. Di–Sa 13.15–16.30, So 10–16.30, Nov.–März Mi, Sa 13.30–16.30, So 10–16.30 Uhr, So jeweils Mittagspause 12–13.30 Uhr
Eintritt CHF 8/4
Das Museum berichtet über das Internationale Rote Kreuz und seinen Gründer Henry Dunant (1828–1910), der in Heiden seine letzten 23 Lebensjahre verbrachte und zum berühmtesten Bürger der Stadt wurde.

Innenstadt von Heiden mit Rathaus

Linde ➡ H9
Poststr. 11, Heiden
✆ 071 898 34 00, www.lindeheiden.ch
Tägl. 8–23 Uhr
Erfolgreich führt eine Genossenschaft das Hotel Linde und bietet in den historischen Räumlichkeiten ein Restaurant mit kreativen Gerichten und Sonntagsbrunch. €€

Altenrhein ➡ G/H10
Das heute zur Gemeinde Thal gehörende einstige Fischerdorf an der kleinen Spitze westlich der Mündung vom Alten Rhein in den Bodensee ist vor allem durch zwei Einrichtungen bekannt: die **Markthalle** von Hundertwasser sowie den Bodensee-Flugplatz St. Gallen-Altenrhein. Von hier bedient die People's Viennaline Linienflüge nach Wien.

Flieger- und Fahrzeug-Museum ➡ H10
Flughafenstr. 11 A, Altenrhein
✆ 071 850 90 40, www.ffa-museum.ch
Juli/Aug. tägl. 10–17 Uhr, Sept.–Juni Mo geschl.
Eintritt CHF 12/6
Die auf dem Flughafengelände gezeigten Exponate fliegen noch heute! Besucher können in den Modellen Vampire, Hawker, Hunter, Pilatus und Co. auch im Cockpit Platz nehmen sowie sich über die Geschichte

Ganz im Sinne von Friedensreich Hundertwasser: die Markthalle in Altenrhein

der einzelnen Flugzeuge informieren. Vereinsmitglieder können darüber hinaus Rundflüge buchen, sogar in Militärjets.

Markthalle ➡ H9
Knotternstr. 2, Staad
✆ 071 855 81 85, www.markthalle-altenrhein.ch
April–Okt. tägl. 10–17.30, Nov.–März Sa/So 13–17.30 Uhr, Eintritt CHF 5/2
Nach Idee und Konzept von Friedensreich Hundertwasser entstand 2002 das steinerne Objekt mit vergoldeten Zwiebeltürmen, geschwungenen Linien sowie Galerie und Shop mit den Werken des Künstlers.

Rorschach ➡ H9
Das im 7. Jahrhundert von den Alemannen gegründete Rorschach (9400 Einw.) am südöstlichen Bodenseeufer in Grenznähe zu Österreich war eine wichtige Handelsstadt. Davon zeugen die Villen der Textilfabrikanten sowie der barocke Kornspeicher aus dem 18. Jahrhundert am Hafen.

Sehenswert ist vor allem die historische Badehütte auf Pfählen; sie ist nicht nur UNESCO-Weltkulturerbe, sondern auch eine der drei letzten ihrer Art am Bodensee. Oberhalb des Orts liegt Rorschacherberg mit prächtigem Seeblick und einigen Schlössern, die teilweise zu vornehmen Hotels umgewandelt wurden.

Bootsanlegestelle in Rorschach

UNESCO-Weltkulturerbe: historische Badehütte in Rorschach

HafenBuffet ➡ H9
Hauptstr. 56, Rorschach
✆ 071 841 08 08, www.hafenbuffet.ch
Mi–So 10–23, Fr/Sa bis 24 Uhr
Kulinarische Leckerbissen bei einmaligem Panoramablick durch riesige Fenster direkt am See mit leichtem Mittagstisch und kräftigen Abendgerichten. €€

Arbon ➡ G8
Wo die Römer um 280 n. Chr. das Kastell »Arbor Felix« errichteten, entstand 1520 ein mittelalterliches Schloss, dessen Wehrturm auf das 13. Jahrhundert zurückgeht. Das 14600 Einwohner zählende Arbon erblühte zur Industrialisierung, woran einige Jugendstilgebäude sowie der **Wasserturm** erinnern. Außerdem entstanden in Arbon Lkws der Marke Saurer.

In der niedlichen Altstadt mit ihrer kleinen Seepromenade, den verwinkelten Gassen und Gebäuden vom 14. bis 18. Jahrhundert ist besonders die Reihe von Fachwerkhäusern an der Untertorgasse auf der einstigen Stadtmauer sehenswert. Die **Galluskapelle** entstand in Gedenken an den irischen Mönch, der um 612 seine Einsiedlerklause gründete, aus der später das Kloster in St. Gallen hervorging.

Historisches Museum ➡ G8
Schlossgasse, Arbon

Bodensee-Winter in Arbon

Arbon besticht durch seine Vielzahl an Fachwerkshäusern

✆ 071 446 60 10, www.museum-arbon.ch
Mitte Juni–Mitte Sept. tägl. 14–17, sonst So 14–17 Uhr
Eintritt CHF 6/3, bis 16 J. frei
Das im Schloss Arbon untergebrachte Museum mit seiner Dauerausstellung von der Jungsteinzeit über die prägende Industriegeschichte bis zum Jahrtausendhochwasser feierte 2012 bereits hundertjähriges Jubiläum.

Römerhof ➡ G8
Freiheitsgasse 3, Arbon
✆ 071 447 30 30, www.roemerhof-arbon.ch
Di–Fr 12–14 und 18–22, Sa 18–22.30 Uhr
Die Spitzengastronomie im historischen Gebäude des Römerhofs besteht aus Gerichten im Geiste von Slow Food in klassischem Ambiente zu zivilen Preisen und wurde vom Gault Millau mit 14 Punkten prämiert. €€€

Bistro Turm ➡ G8
Grabenstr. 2, Arbon
✆ 071 466 66 45, www.south-beach.ch
Mi/Do 18–23, Fr/Sa 18–1, So 14–18 Uhr
Kleine Bar auf 40 m Höhe im alten Wasserturm von 1927 mit Drinks und kleinen Snacks bei toller Aussicht auf den Bodensee.

Romanshorn ➡ F7/8

Bereits im 8. Jahrhundert gegründet gehörte Romanshorn (11 200 Einw.) zunächst zum Kloster St. Gallen. In zentraler Lage am schweizerischen Obersee wurde der Hafen gegründet und 1855 die Eisenbahn von Zürich hierhergelegt. Heute kann Romanshorn gleich vier Häfen aufweisen: einen für Yachten, einen für Sportboote, einen für Sportfischer sowie den Fährhafen, an dem Ausflugs- und Linienschiffe und die Autofähre nach Friedrichshafen ablegen. Beeindruckend sind vor allem die großen Lagerhäuser an der Hafenmauer, die von der frühen Bedeutung Romanshorns zeugen. Der Ort ist Ausgangspunkt für Wanderer und Biker.

Panem ➡ F7/8

Hafenstr. 62 , Romanshorn
✆ 071 466 78 06, www.panem.ch
Mo–Sa 9–23, So 9–22 Uhr
Das moderne Bistro serviert mediterrane Gerichte der frischen Marktküche mit Blick auf den Fährhafen. Beliebt auch für Hochzeiten. €–€€

Ausflugsziel:

Wasserschloss Hagenwil ➡ G7

Schloss-Str. 1, Hagenwil bei Amriswil

Einer von heute insgesamt vier Häfen in Romanshorn: der Yachthafen

Aus dem 13. Jahrhundert: Wasserschloss Hagenwil

✆ 071 411 19 13, www.schloss-hagenwil.ch
Mo, Do–Sa 10–24, Di 10–14, So 9–22 Uhr
Das seit sieben Generationen in Familienbesitz befindliche Wasserschloss wurde erstmals 1264 erwähnt. Das Schloss wird wie im Mittelalter über eine Wasserbrücke betreten. Das Restaurant im Biedermeierstil serviert frische Gerichte, gute Tropfen stammen vom eigenen Rebberg. Für romantische Atmosphäre sorgt die kerzenbeleuchtete Burgbar. €€–€€€

Kreuzlingen ➡ E5
Die mit 22 000 Einwohnern zweitgrößte Stadt im Kanton Thurgau ist eigentlich ein 1928 erfolgter Zusammenschluss der Dörfer Egelshofen, Kurzrickenbach und Emmishofen. Der Name geht auf eine Augustinerabtei aus dem 11. Jahrhundert zurück; eines der wenigen Überbleibsel des später neuaufgebauten Klosters ist die **Barockkirche St. Ulrich**. Die Nachbarschaft von Kreuzlingen mit dem deutschen Konstanz bildet das grenzüberschreitende Kulturufer.

Auffallend im Stadtbild sind neun kleine Herrenhäuser und Schlösser, die allesamt privat genutzt werden und einige Restaurants beherbergen. Erwähnenswert sind vor allem Brunegg, Girsberg und das **Schloss Seeburg** an der Seeuferanlage.

Kreuzlingen verfügt über einige Museen und ein kleines Zentrum ohne bemerkenswerte Altstadt. Dafür ist Kreuzlingen ein guter Ausgangspunkt für kulturelle Entdeckungen und sportliche Aktivitäten im Kanton Thurgau und darüber hinaus.

ℹ Tourist Information ➡ E5
Hauptstr. 39, 8280 Kreuzlingen

✆ 071 672 38 40, www.kreuzlingen-tourismus.ch
Mai–Sept. Mo–Fr 10–12.30 und 13.30–18, Sa 9.30–14, Okt.–April Mo–Fr 10–12.30 und 13.30–17 Uhr

Museum Rosenegg ➡ E5
Bärenstr. 6, Kreuzlingen
✆ 071 672 81 51, www.museumrosenegg.ch
Mi 17–19, Fr, So 14–17 Uhr, Eintritt CHF 8/6
Die Wohnkultur früherer Jahrhunderte dokumentiert das Museum in sieben historischen Räumen. Sehenswert sind vor allem der Stucksaal sowie die Dauerausstellung über Maße und Gewichte.

Seemuseum ➡ E5
Seeweg 3, Kreuzlingen
✆ 071 688 52 42, www.seemuseum.ch
Juli–Sept. tägl. außer Mo 11–17, Okt.–Juni Mi, Sa/So 14–17 Uhr, Eintritt CHF 8/5
Das einzige Schifffahrts- und Fischereimuseum des Bodensees zeigt in historischen Räumen einer einstigen Kornschütte auf 1500 m² interessante Exponate wie Bodensee-Schiffsmodelle und beschreibt die Tätigkeiten von Zoll und Grenzwache.

Planetarium ➡ E5
Breitenrainstr. 21, Kreuzlingen

Innenansicht der barocken Kirche St. Ulrich

✆ 071 677 38 00, www.bodensee-planetarium.ch
Eintritt CHF 12/8
Das einzige Planetarium am Bodensee mit Volkssternwarte. Zur Verdeutlichung der Distanzen im Sonnensystem wurde ein Planetenweg von der Bodensee-Therme Konstanz via Planetarium bis nach Siegershausen eingerichtet.

Schloss Seeburg ➡ E5
Seeweg 5, Kreuzlingen
✆ 071 688 40 40, www.schloss-seeburg.ch
Mi–So ab 10 Uhr, Juli/Aug. auch Di
Das im Stil des Historismus 1870 umgebaute Schloss in Nachbarschaft des Seemuseums stand einst direkt am Bodenseeufer, davor befindet sich heute die Seeuferanlage.

Das Restaurant offeriert moderne, leichte Küche mit saisonalen Schwerpunkten auf Fisch und Wild. €€–€€€

Blaues Haus ➡ E5
Hauptstr. 138, Kreuzlingen
✆ 071 688 24 98, www.blaueshaus.com
Di–Do 19–24, Fr/Sa 20–2 Uhr
Das Restaurant im fast 300 Jahre alten Fachwerkhaus mit auffallend blauen Balken ist auf Gegrilltes von Rind bis Strauß spezialisiert. In den Monaten von Oktober bis Mai regelmäßige Live-Unterhaltung vom Piano. €€

Grödeli ➡ E5
Kreuzlingerstr. 58, Kreuzlingen
✆ 071 672 343 62, www.groedeli.ch
Mi–Sa 17–23, So 16–22 Uhr

Schloss Seeburg an der Seeuferanlage von Kreuzlingen

Bekannt für sein Delphinarium und die Seelöwen: Conny-Land in Lipperswil

Das Fachwerkhaus aus dem Jahr 1610 hat sich vor allem dank seiner Auswahl von leckeren Cordon bleus und weiteren Grillspezialitäten einen Namen gemacht. €€

Kreuzlingen Outlet Center ➡ E5
Sonnenwiesenstr. 21, Kreuzlingen
✆ 071 686 33 27, www.outlet-kreuzlingen.com
Mo–Fr 10–19, Sa 9–18 Uhr
Das Factory Outlet Center des Schweizer Herstellers Strellson verkauft darüber hinaus Produkte von Tommy Hilfiger Tailored und Joop.

Ausflugsziele:

Conny-Land ➡ E4
Connylandstraße, Lipperswil
✆ 052 762 72 72, www.connyland.ch
April–Okt. tägl. 10–18 Uhr, Eintritt CHF 31/27
Der größte Freizeitpark der Ostschweiz zwischen Kreuzlingen und Frauenfeld begeistert vor allem mit seiner Open-Air-Delfinlagune mit Strand und Palmen. Für Riesenspaß sorgen auch Achterbahn, Nostalgie-Eisenbahn, Riesenrutsche und Piratenschiff. Neuerdings kann man mit Seelöwen gemeinsam im Wasser plantschen.

Golf Club ➡ E4
Golfpark 1, Lipperswil
✆ 052 724 01 10, www.golfclub-lipperswil.ch
Auf den sanften Hügeln des Seerückens mit Blick auf die Alpen liegt der Golf Club Lipperswil im Hinterland von Kreuzlingen mit 27 Löchern und verglastem Clubhaus mit großer Terrasse.

Sonnenuntergang über dem Bodensee bei Gottlieben

Schweizer Hochrhein

Die Reihenfolge der Vista Points folgt dem Uferverlauf von Ost nach West.

Die Schweizer Seite des Untersees beginnt mit dem reizenden Gottlieben und führt zunächst parallel zur Insel Reichenau über einige kleinere Orte wie Ermatingen bis Steckborn, von wo man zur Halbinsel Höri blicken kann. Bei der Brücke des sehenswerten Städtchens Stein am Rhein beginnt der Schweizer Hochrhein. Ausflüge per Schiff ab Kreuzlingen führen bis nach Schaffhausen in den nördlichsten Kanton der Schweiz. Dort wartet mit dem ⑩ **Rheinfall** der größte Wasserfall Europas.

Gottlieben ➡ E4
Die kleinste Dorfgemeinde der Schweiz (340 Einw.) am südöstlichen Ende des Untersees ist mit ihrem Ensemble aneinander gestellter Riegelhäuser ein beliebtes Ausflugsziel. Zu Beginn des 20. Jahrhunderts war das Dorf der Sitz der Gottlieber Künstlerkolonie rund um den Dichter Freiherr Emanuel von Bodman; zu den Besuchern zählten u. a. Rainer Maria Rilke, Hermann Hesse und Thomas Mann. Bodman lebte in einem heute nach ihm benannten Handelshaus am Dorfplatz. Das Schloss Gottlieben aus dem 13. Jahrhundert ist nicht

öffentlich zugänglich. Mit dem Namen des Orts sind die hier produzierten Waffelröllchen »Gottlieber Hüppen« verbunden.

Bodman-Haus ➡ E4
Am Dorfplatz 1, Gottlieben
✆ 071 669 28 47, www.bodmanhaus.ch
Mi 14–17 Uhr, Eintritt frei
Hier lebte und arbeitete der Dichter Freiherr Emanuel von Bodman bis zu seinem Tod 1946. Das Haus wurde inzwischen zu einer Gedenk- und Kulturstätte für den Dichter, die Gottlieber Künstlerkolonie zu Beginn des 20. Jh. und die Literatur. Heute werden dort nicht nur Lesungen gehalten, sondern auch wieder Bücher per Hand gebunden.

Drachenburg & Waaghaus ➡ E4
Am Schlosspark, Gottlieben
✆ 071 666 74 74, www.drachenburg.ch
Tägl. 10–23.30 Uhr
Zwei Fachwerkhäuser aus dem 17. Jh.: das rustikale Restaurant Drachenburg mit Erkern und Ritterstube so-

Beliebtes Fotomotiv in Gottlieben: das Fachwerkhaus Drachenburg

Bodenseeweine zeichnen sich durch sehr fruchtige Aromen aus

wie das Restaurant Waaghaus mit Fischerstube im Erdgeschoss und gepflegtem Saal im ersten Stock. €€–€€€

Tägerwilen ➡ E4/5
Das Thurgauer Bauerndorf Tägerwilen (4600 Einw.) liegt auf der Landstraße zwischen Konstanz und Stein am Rhein, etwa beim Abzweig nach Gottlieben. Oberhalb von Tägerwilen liegt das Schloss Castell, das 1585 zunächst im Stil der Spätrenaissance entstand und später in der Neorenaissance umgebaut wurde. Das Schloss kann leider nicht besichtigt werden. Etwas weiter östlich ist die 120 Meter lange **Burgruine Castell** wieder zugänglich, die Ende des 12. Jahrhunderts errichtet und im Schwabenkrieg 1499 überwiegend zerstört wurde.

🏛 **Alte Säge** ➡ E4/5
Sägestr. 12, Tägerwilen
✆ 071 669 16 04, www.alte-saege.ch
Führungen auf Anfrage
Die Säge im 1582 nachgewiesenen Obermühleareal am Allmendbach restaurierte ein Verein und lässt sie mit Wasserkraft wieder regelmäßig antreiben.

✕ **Gasthaus Ochsen** ➡ E4/5
Gottlieberstr. 5, Tägerwilen
✆ 071 667 05 05
www.ochsentaegerwilen.ch
Mo/Di, Fr, So 11–14 und 17.30–22, Do 11–14, Sa 17–22 Uhr
Das Hotelrestaurant im traditionellen Fachwerkbau serviert regionale und italienische Köstlichkeiten vom sizilianischen Chefkoch Pietro di Stefano. €€

Paritätskirche zu Ehren Albin von Lyon in Ermatingen

Ermatingen ➡ D4
Das Ortsbild des alten Winzer- und Fischerdorfs Ermatingen (3500 Einw.) wird vor allem durch zahlreiche Fachwerkhäuser geprägt. Das Kleinod an einer Landzunge bietet von seiner Schiffflände eine gute Aussicht auf die Insel Reichenau. Aufmerksamkeit verdient die **Paritätische Kirche St. Albin**, deren Gründung vermutlich bis ins 6./7. Jahrhundert zurückreicht. Ironisch nennt sich Ermatingen selbst »der langweiligste Ferienort der Schweiz«.

Schloss und Park Arenenberg

Tourist Information ➡ D4
Bahnhof, 8272 Ermatingen
✆ 071 664 19 09, www.ermatingen.ch
Mo–Fr 6.15–19, Sa/So 8–18 Uhr

Napoleon-Museum ➡ D3/4
Arenenberg, Salenstein
✆ 071 663 32 60, www.napoleonmuseum.tg.ch
Tägl. 10–17 Uhr, Nov.–März Mo geschl., Eintritt CHF 15/5
Das im 16. Jh. erbaute Schloss Arenenberg diente als Wohnsitz von Napoleons Stieftochter Hortense de Beauharnais, die es im Empirestil umbauen und mit Erinnerungsstücken an Napoleon einrichten ließ. Schloss und Park dienen bereits seit 1906 als Napoleon-Museum.

Haus zum Schiff ➡ D4
Schiffgasse 21, Ermatingen
✆ 071 664 30 27, www.haus-zum-schiff.ch
Do–Sa 14–23, So 13–22 Uhr
Gemütliches Kaffee-Restaurant im 350 Jahre alten Haus mit kleiner, aber feinen Karte zu fairen Preisen. Regelmäßige Kulturveranstaltungen im Haus. €–€€

Steckborn ➡ D/E3
Das Uferstück rund um Steckborn (3800 Einw.) gehörte einst zum Kloster Reichenau, dessen Abt 1282 den Gebäudekomplex **Turmhof** errichten ließ, das Wahrzeichen Steckborns. Wie in so manchem Ort auf dieser

Wahrzeichen von Steckborn: der Turmhof

Seite des Untersees, fallen besonders Fachwerkbauten und Riegelhäuser in der Altstadt auf, darunter das alte Rathaus oder das Gebäude »Zum Kehlhof«. Reste der alten Stadtmauer sowie einige Wachtürme stehen noch heute. Der Ort ist vor allem durch die Bernina Nähmaschinen bekannt, die seit 1893 hier hergestellt werden.

Museum im Turmhof ➡ D/E3
Seestr. 84 A, Steckborn
✆ 052 761 13 65, www.turmhof.ch
Unregelmäßig geöffnet, Eintritt frei
Das gegenwärtige Erscheinungsbild des Turmhofs wird vor allem durch die Barocktürmchen geprägt. Das schon 1937 eingerichtete Ortsmuseum reicht von urgeschichtlichen Funden bis zu den Erwerbszweigen der Umgebung wie Zinngießen, Klöppeln und Herstellung von Öfen.

Stein am Rhein ➡ D1
Das malerische Städtchen Stein am Rhein (3400 Einw.) markiert die Grenze des Bodensees zum Hochrhein. Der überwiegend nördlich des Rheins gelegene Ort wird durch die Rheinbrücke mit dem Süden verbunden, wo sich auch der Bahnhof befindet.

Inmitten von mittelalterlichen Toren begeistert die **Altstadt** oberhalb der Schifflände mit verzierten Fassaden, steilen Giebeln, hübschen Erkern und vielen Fachwerkhäusern. Im **Rathaus** von 1539 befindet sich die historische Sammlung von Stein, die nach Anmeldung besichtigt werden kann.

Auf der Nordseite thront die **Zähringerburg Hohenklingen** aus dem 12. Jahrhundert etwa 200 Meter oberhalb der Stadt und unterstreicht die strategische Bedeutung von Stein am Rhein. Die Burg wurde bis 2007 aufwendig restauriert und ermöglicht eine grandiose Aussicht.

Neben der Rheinbrücke liegt das naturbelassene Kleinod der **Inselgruppe Werd** im westlichsten Zipfel des Untersees. Die größere der Inseln mit nur 1,6 Hektar ist durch eine 125 Meter lange Brücke mit dem Ort Eschenz verbunden. Das Kloster Werd mit der Wallfahrtskapelle St. Otmar errichteten die Benediktiner bereits im 11. Jahrhundert, derzeit ist die Insel an die Franziskaner verpachtet.

Malerisches Städtchen in der Nordschweiz

Stein am Rhein

Stein am Rhein, Kanton Schaffhausen

Das pittoreske Städtchen am Ausfluss des Rheins aus dem Bodensee besitzt eine mittelalterliche Altstadt mit verzierten Fassaden, steilen Giebeln, hübschen Erkern und vielen Fachwerkhäusern. Im Jahr 2007 konnte Stein am Rhein auf eine tausendjährige Geschichte zurückblicken. Das Bild der intakten Altstadt ist vor allem durch die farbenfrohe Gestaltung der Bürgerhäuser am gepflasterten Rathausplatz geprägt.

Das Rathaus aus dem Jahr 1539 diente einst als Kaufhaus, heute befindet sich hier die historische Sammlung von Stein. Imposant sind auch die alten Tore, die zur Ober- und Understadt führen.

Das Benediktinerkloster St. Georgen im Zentrum des 3400 Einwohner zählenden Städtchens entstand bereits zu romanischer Zeit und gehört zu den am besten erhaltenen Anlagen des Mittelalters in der Schweiz. Besonders sehenswert ist ein Freskenzyklus aus dem 16. Jahrhundert, ein Vorbote der Renaissance.

Bunte Fassade am Gasthof zur Sonne.

In der Nähe des Untertors befindet sich in einem Haus im Empirestil mit dem Lindwurm das Museum für bürgerliche Wohnkultur und Landwirtschaft. Es zeigt in einer entsprechend eingerichteten Wohnung eine gutbürgerliche Wohnsituation des 19. Jahrhunderts und gibt einen Einblick in das Leben der damaligen Oberschicht.

Der überwiegend nördlich des Rheins gelegene Ort ist durch eine Rheinbrücke mit dem weniger interessanten Südteil verbunden, wo sich der Bahnhof befindet. Die Thurbo genannten Züge verkehren ab Schaffhausen entlang des Rheins. In Richtung Stein am Rhein bieten die Plätze zur linken Seite des Zugs eine tolle Panoramasicht auf eine der schönsten Flusslandschaften der Schweiz.

Im Hintergrund von Stein thront nördlich des Rheins die mittelalterliche Burg Hohenklingen, inzwischen aufwendig restauriert. Der zentrale Turm wurde bereits anno 1200 von den Herzögen von Zähringen erbaut, die weithin sichtbare Mauer und das Palais entstanden etwas später. Seit dem 15. Jahrhundert gehört die Anlage der Stadt Stein am Rhein.

Info: Stein am Rhein liegt ca. 55 km nordöstlich von Zürich. **Info Stein am Rhein:** Tourist-Service, Oberstadt 3, 8260 Stein am Rhein, Tel. (052) 632 40 32, www.tourismus.steinamrhein.ch. **Info Museum Lindwurm:** Understadt 18, Stein am Rhein, Tel. (052) 741 25 12, www.museum-lindwurm.ch, Öffnungszeiten März–Okt. tägl. 10–17 Uhr, Eintritt CHF 5, ermäßigt CHF 3.

Tourist Information ➡ D1
Oberstadt 3, 8260 Stein am Rhein
✆ 052 632 40 32
www.tourismus.steinamrhein.ch
Mo 13.30–17, Di–Fr 9.30–17, Juli/Aug. auch Sa 9.30–17 Uhr

Klostermuseum St. Georgen ➡ D1
Fischmarkt 3, Stein am Rhein
✆ 052 741 21 42, www.klostersanktgeorgen.ch
April–Okt. tägl. außer Mo 10–17 Uhr, Eintritt CHF 5/3
Sehenswert im reizvoll gelegenen einstigen Benediktinerkloster St. Georgen im Osten der Altstadt sind vor allem der aufwendig gestaltete Festsaal mit Freskenzyklus von 1515 und der spätgotische Kreuzgang. Das Kloster gehört zu den am besten erhaltenen mittelalterlichen Klosteranlagen in der Schweiz.

KrippenWelt ➡ D1
Oberstadt 5, Stein am Rhein
✆ 052 721 00 05, www.krippenwelt-ag.ch
Di–Sa 10–18, So 10–17 Uhr, Eintritt CHF 10/7, bis 7 J. frei
Bis zu 600 Krippen aus 80 Ländern zeigt das kleine Museum ganzjährig im ältesten noch erhaltenen Haus der Stadt.

Museum Lindwurm ➡ D1
Understadt 18, Stein am Rhein
✆ 052 741 25 12, www.museum-lindwurm.ch

Bunte Fassadenmalereien und hübsche Erker: Rathausplatz von Stein am Rhein

Bereits um 1200 wurde, dort wo heute die Burg Hohenklingen ist, der erste Wohnturm errichtet

März–Okt. tägl. 10–17 Uhr, Eintritt CHF 5/3
Das Museum in der Fußgängerzone mit der auffallenden Fassade im Empirestil ermöglicht einen Einblick in die Wohnkultur vergangener Jahrhunderte auf vier Stockwerken. Das dahinter gelegene Gebäude dokumentiert bäuerliches Leben im 19. Jh.

Burg Hohenklingen ➡ D1
Hohenklingenstr. 1, Stein am Rhein
✆ 052 741 21 37, www.burghohenklingen.com
Di–Sa 10–22, So 10–23 Uhr, Okt.–April auch Di geschl.
Gleich mehrere Räumlichkeiten in der altehrwürdigen Burg laden zu einem Besuch der Gourmetküche ein: der historische Rittersaal, die Burgstube mit dunklen Balken und die Laube mit Aussicht auf Rhein und Stein. €€€

Schiff ➡ D1
Schiffländi 10, Stein am Rhein
✆ 052 741 22 73, www.hotel-ristorante-schiff.ch
März–Sept. 10–22.30, Okt. Feb. tägl. außer Do 11–20 Uhr
Direkt an der Schiffslände überrascht das kleine Hotelrestaurant durch persönlichen Service der Gastgeber und ehrliche marktfrische Küche von frischem Fisch bis zu kreativen Wildgerichten. €€

Schaffhausen ➡ westl. D1
Beim ersten Blick auf die Landkarte mag verwundern, dass Schaffhausen (36 500 Einw.) zur Schweiz gehört,

Blick auf Schaffhausen mit Munot im Hintergrund

liegt es doch nördlich des Rheins in einer Enklave in Deutschland. Die Bevölkerung entschied 1501 nach dem Krieg mit den Schwaben, dass sie zu den Eidgenossen gehören wollte. Wer von Stuttgart nach Zürich fährt, streift nur die industrielle Seite des Orts und verpasst so einiges.

Die malerischen Gassen des historischen Zentrums der anno 1045 gegründeten Stadt münden in den **Fronwagplatz** mit seinen geschmückten Brunnen. Auf dem größten Platz Herrenacker wird der Wochenmarkt abgehalten. Noch aus romanischer Zeit stammt das **Münster** als Teil des Klosters Allerheiligen mit einem langen Kreuzgang und einem nachgebauten mittelalterlichen Klostergarten. Eine Fassade mit Renaissancefresken besitzt das **Haus zum Ritter** an der Vordergasse 65. Schaffhausen wird wegen der 171 Erker gern Erkerstadt genannt.

Seit dem 16. Jahrhundert thront die runde Festung **Munot** über der Stadt. Entstanden in Fronarbeit als Teil der Stadtbefestigung dient der Munot inzwischen als Kulturzentrum. Der Aussichtspunkt kann im Sommer von 8 bis 20 und im Winter von 9 bis 17 Uhr gratis besucht werden. Noch heute läutet der Munotwächter jeden Abend um 21 Uhr von Hand das Glöcklein.

i Tourist Information ➡ westl. D1
Herrenacker 15, 8200 Schaffhausen
✆ 052 632 40 20, www.schaffhauserland.ch
Mai–Sept. Mo 13.30–18, Di–Fr 10–18, Sa 10–15, Okt.–April Di–Fr 10–17, Sa 10–14 Uhr

Museum zu Allerheiligen ➡ westl. D1
Baumgartenstr. 6, Schaffhausen
✆ 052 633 07 77, www.allerheiligen.ch
Tägl. außer Mo 11–17 Uhr, Eintritt CHF 12/9, bis 25 J. frei
Das Museum im einstigen Benediktinerkloster Allerheiligen umfasst Abteilungen zu Kunst, Naturkunde, Archäologie sowie der tausendjährigen Kulturgeschichte der Region Schaffhausen.

Gerberstube ➡ westl. D1
Bachstr. 8, Schaffhausen
✆ 052 625 21 55, www.gerberstube.ch
Di–Sa 11.30–22.30 Uhr
Das Restaurant im Zunfthaus aus dem 17. Jh. setzt auf marktfrische internationale Küche mit einem ordentlichen Schuss Italianità. €€

Theaterrestaurant ➡ westl. D1
Herrenacker 23, Schaffhausen
✆ 052 625 05 58, www.theaterrestaurant.ch
Mo–Fr 8.30–23, Sa 9–23 Uhr
Das Bistro begeistert mit seiner Slow-Food-Küche. €€

10 Rheinfall ➡ westl. D1
Vier Kilometer von Schaffhausen entfernt tosen bei Neuhausen die Wassermassen des spektakulären

Haus zum Ritter in Schaffhausen

Rheinfalls in einer Breite von 150 Metern über eine 23 Meter tiefe Schwelle hinunter. Das Naturschauspiel ist den Wassermassen nach der größte Wasserfall Europas. Zur Schneeschmelze in den Alpen stürzen bis zu 700 Kubikmeter Wasser pro Sekunde entlang der Kalksteinflanke.

Zwei Schlösser ermöglichen eine tolle Aussicht: Das etwa eintausend Jahre alte Schloss Laufen auf einem Felsen oberhalb des Rheinfalls verfügt über ein Panoramarestaurant, ein Historama mit einer Ausstellung über den Rheinfall sowie eine Aussichtsplattform direkt über dem Rheinfall und den Belvedere-Weg für das akustische Erlebnis. Das etwas weiter entfernte Schlösschen Wörth, eine Wasserburg aus dem 12. Jahrhundert, bietet ebenfalls ein Ausflugsrestaurant und die Gesamtsicht ist noch besser. Der Rheinfall bietet

Grandioses Wasserschauspiel: der Rheinfall bei Schaffhausen

Adventure-Park am Rheinfall

Touristen am Mittelfels

Freizeitvergnügen von Linienbooten ab Stein am Rhein bis Kanutouren. Für spannenden Nervenkitzel sorgt der Adventure-Park mit einem Kletterparcours in den Bäumen am Rheinfall.

Tourist Information ➡ westl. D1
Rheinfallquai, 8212 Neuhausen am Rheinfall
✆ 052 620 49 11, www.rheinfall.ch

Schlössli Wörth ➡ westl. D1
Rheinfallquai 30, Neuhausen am Rheinfall
✆ 052 672 24 21, www.schloessliwoerth.ch
Do–Mo 11.30–14, 18–23 Uhr
Ausgesprochen gelungene Gerichte mittags und abends im Schlösschen, wobei die Aussicht am Abend freilich noch dramatischer wirkt. Das Restaurant ist sehr beliebt, daher unbedingt vorher reservieren. €€€

Rheingold ➡ westl. D1
Rheingoldstr. 51, Neuhausen am Rheinfall
✆ 052 672 19 90, www.rheingold-nh.ch
Di–Fr 11.30–14 und 18–23, Sa 18–24 Uhr
Schmuckes Bistro mit familiärer Wohlfühlatmosphäre, serviert werden beispielsweise Figlmüller-Schnitzel wie in Wien, Curry-Gerichte und ein wechselndes saisonales Angebot. €€ ■

Kulturprogramm im Kartäuserkloster

KARTAUSE ITTINGEN

Warth, Kanton Thurgau

Zwischen Bodensee und der Thurgauer Kantonshauptstadt Frauenfeld entstand über einen Zeitraum von 900 Jahren ein bemerkenswerter Komplex rund um das ehemalige Kartäuserkloster auf dem Grund einer einstigen Burg.

Heute präsentiert sich die Anlage als beliebtes Kultur- und Bildungszentrum mit Kunstmuseum und eigener Landwirtschaft.

Bis ins 12. Jahrhundert war die Burg Sitz der Herren von Ittingen. 1079, während des Investiturstreits, wurde sie zerstört, dann jedoch wieder aufgebaut. Um 1150 gründeten die letzten Vertreter der Ittinger Adelsfamilie hier ein Augustinerkloster, das erst durch den Verkauf an den strengen Kartäuserorden im 15. Jahrhundert eine Blütezeit erlebte. Nach der Klosterauflösung 1848 führte der Kanton Thurgau den Gutsbetrieb, inzwischen sorgt eine Stiftung für den Fortbestand. Die Anlage gehört mit 66 Hektar Kulturland und 32 Hektar Wald zu den größten Landwirtschaftsbetrieben der Gegend. Sogar ein Bier aus eigenem Hopfen, das in Chur gebraut wird, ist im Klosterladen erhältlich. Das eigene Hotel im Areal wurde als »Historisches Hotel des Jahres 2019« ausgezeichnet.

Das Areal zeigt die kleinen Zellenhäuschen der Kartäuser, die in aller Stille nebeneinander lebten. Die einstige Klosterkirche wurde mehrfach bis zur heutigen Barockform mit prachtvoll geschmücktem Altar umgebaut. Im Werkbetrieb finden Menschen mit körperlicher oder geistiger Beeinträchtigung eine wertgeschätzte Arbeit.

Für kulturelle Veranstaltungen sorgen mehrere Einrichtungen: die evangelische Begegnungsstätte, das Ittinger Museum mit Schaustücken zur Klostergeschichte und zum Leben der Kartäuser sowie das Kunstmuseum des Kantons Thurgau mit Schwerpunkt auf moderner und zeitgenössischer Kunst. Dazu kommen internationale Kammermusikkonzerte an ausgewählten Sonntagen.

Die Häuser der Kartause im Frühsommer.

INFO: Die Kartause liegt 46 km nordöstlich von Zürich. **INFO KARTAUSE ITTINGEN:** 8532 Warth, Tel. (052) 748 44 11, www.kartause.ch, Öffnungszeiten Mai–Okt. tägl. 11–18, Nov..–April Mo–Fr 14–17, Sa/So 11–17 Uhr, Eintritt Museen CHF 10, ermäßigt CHF 7, Eintritt Klosterkirche CHF 5, bis 16 J. frei.

Daten zur Geschichte

3000–800 v. Chr.	Die ersten Pfahlbausiedlungen am Bodenseeraum werden nachgewiesen.
1.–.5. Jh. v. Chr.	Die Römer ziehen die ersten Passrouten mit befestigten Siedlungen und erobern den Alpenraum 15 v. Chr. Die Spuren ihrer friedlichen Kolonisierung sind noch heute sichtbar.
5.–9. Jh.	Die Franken unterwerfen Alemannen und Burgunder, daher wird das Gebiet der heutigen Schweiz ein Teil des Frankenreichs unter Karl dem Großen und gehört zum Heiligen Römischen Reich Deutscher Nation.
7. Jh.	Der irische Mönch Gallus errichtet im Hochtal der Steinach eine Einsiedlerklause. Später entsteht in der Nähe das Kloster St. Gallen. Die Burg Meersburg wird vermutlich von den Merowingern gegründet.
8. Jh.	Bischof Pirmin gründet mithilfe alemannischer Fürsten das Benediktinerkloster auf der Insel

Illustration aus der »Chronik des Konzils von Konstanz« im Konstanzer Münster

Reichenau. Die Karolinger kontrollieren den Bodenseeraum, ihre Pfalz in Bodman ist der Namensgeber für den Bodensee.

10.– 12. Jh. Nach dem Niedergang der Karolingerherrschaft werden die Städte auf allen Seiten des Bodensees ausgebaut.

1312 Der Schwäbische Städtebund zwischen Konstanz, Schaffhausen und St. Gallen zum Zweck des Friedensschutzes ist Vorreiter für ähnliche Zusammenschlüsse.

1429 Nach dem Frieden von Konstanz enden die Appenzellerkriege zwischen den Gemeinden im Kanton Appenzell mit dem Kloster St. Gallen.

1414–18 Das Konzil in Konstanz wird einberufen, um die ursprüngliche Einheit der katholischen Kirche wiederherzustellen, Papst Martin V. wird einziger Papst. Der tschechische Reformator Jan Hus wird auf dem Scheiterhaufen in Konstanz verbrannt.

1499 Nach dem Sieg über den Schwäbischen Bund wird die Eidgenossenschaft offiziell vom Heiligen Römischen Reich Deutscher Nation getrennt, die Grenze zwischen Deutschland und der Schweiz hat bis heute Gültigkeit.

1501–13 Schaffhausen und später Appenzell treten den bisherigen zehn Kantonen bei.

1527 Konstanz schließt sich als erste Stadt am Bodensee der Reformation an.

1548 Die Gegenreformation beginnt durch Anschluss von Konstanz an das habsburgische Vorderösterreich.

1597 Teilung von Appenzell in die beiden Halbkantone Innerrhoden (katholisch) und Ausserrhoden (protestantisch).

1607 Das älteste bis heute bespielte Sprechtheater Deutschlands wird in Konstanz gegründet.

1618–48 Der Dreißigjährige Krieg verwüstet Teile von Europa. In einer Schlacht auf dem Bodensee versucht Österreich vergeblich, die eindringenden Schweden aufzuhalten. Die Schweiz bleibt neutral und wird beim Westfälischen Frieden als europäischer Staat anerkannt.

Feuertod des Jan Hus 1415 in Konstanz

Militärbad von Bregenz

1798 Die Franzosen besetzen die Schweiz und teilen Genf, den Jura und Mühlhausen Frankreich zu. Statt der Eidgenossenschaft wird die Helvetische Republik nach französischem Vorbild ausgerufen.

1803 Napoleon wandelt das Land nach nur fünf Jahren Einheitsstaat wieder in einen Staatenbund aus teilweise souveränen Kantonen um. Gleichzeitig werden dem Bund St. Gallen, Thurgau und einige Gebiete außerhalb der Bodenseeregion als weitere Kantone hinzugefügt.

1806 Konstanz kommt mit den Gebieten am Untersee und Überlinger See zum souveränen Großherzogtum Baden.

1811 Friedrichshafen entsteht unter Friedrich I. von Württemberg durch Zusammenlegung der Stadt Buchhorn mit dem Kloster Hofen.

1821 Das Bistum Konstanz wird aufgelöst, die Besitztümer unter anderen Bistümern in Deutschland und der Schweiz aufgeteilt.

1824 Die Dampfschifffahrt auf dem Bodensee sorgt für Transport und Mobilität.

1825 Mit dem Militärbad entsteht die erste Badeanstalt auf Holzpfählen in einem Vorort von Bregenz als Vorreiter für eine Vielzahl ähnlicher Anlagen am Bodenseeufer.

1838 Ferdinand Graf von Zeppelin wird in Konstanz geboren.

1848 Die Schweiz erhält eine neue Bundesverfassung, durch die aus dem Staatenbund ein Bundesstaat wird.

1850–55 Die deutschen Städte am Bodensee sowie Romanshorn auf der Schweizer Seite erhalten Anschlüsse an die Netze der jeweiligen Eisenbahnen.

1879 Die Eisenbahnfähre von Romanshorn nach Friedrichshafen wird eingeweiht.

1881 Der Pfarrer Heinrich Hansjakob gründet in Hagnau den ersten Winzerverein.

1900 Das erste Luftschiff von Ferdinand Graf von Zeppelin erhebt sich über dem Bodensee, die Ära der Zeppeline soll nur vier Jahrzehnte andauern.

1904 Hermann Hesse lebt auf der Halbinsel Höri in Gaienhofen bis 1912, andere Literaten und Künstler folgen.

1905 Die deutschen Gebiete am Bodensee werden beim Frieden von Pressburg zwischen Bayern, Baden und Württemberg aufgeteilt.

1920 Die Hälfte der Weltproduktion an Stickereien kommt aus St. Gallen.

1928 Die Fährverbindung von Konstanz nach Meersburg wird eröffnet.

1929 Der einstige Mitarbeiter des Zeppelin-Konzerns Claude Dornier baut mit der legendären Do X das größte Flugzeug der Welt in Form eines Flugschiffs.

Das Zeppelin-Museum in Friedrichshafen informiert über Geschichte und Zukunft der sanften Riesen

1938 Gewaltsamer Anschluss Österreichs an Deutschland.

1939–45 Die Industrie rund um Friedrichshafen wird im Zweiten Weltkrieg weitgehend zerstört. Daraufhin soll die Rüstungsproduktion in unterirdische Stollen verlagert werden, bei deren Bau Zwangsarbeiter und Insassen von Konzentrationslagern eingesetzt werden. Viele überleben die Strapazen nicht.

1946 Die Bregenzer Festspiele werden erstmals veranstaltet.

1952 Mit dem neu gegründeten Bundesland Baden-Württemberg grenzen nur noch zwei deutsche Bundesländer an den Bodensee.

1959 Um die Umweltprobleme des Bodensees anzupacken, wird die Internationale Gewässerschutzkommission ins Leben gerufen.

1963 Die letzte »Seegfrörne«: der Bodensee ist zum letzten Mal komplett eingefroren.

1966 In Konstanz wird die Reformuniversität gegründet.

1972 Erstmals tritt die Internationale Bodensee-Konferenz mit den führenden Vertretern von Bundesländern und Kantonen zur Förderung der Bodenseeregion zusammen.

1983 Der Stiftsbezirk St. Gallen mit der wertvollen Klosterbibliothek wird Weltkulturerbe der UNESCO.

1990 Nach der vergleichsweise späten Einführung des bundesweiten Frauenwahlrechts 1971 erhalten die Frauen in Appenzell-Ausserrhoden

Blick auf die Insel Reichenau mit Alpenpanorama

Imposant: Szene aus der Giuseppe Verdi-Oper »Rigoletto« bei den Bregenzer Festspielen in der Saison 2019/20

endlich das kantonale Wahlrecht. Radolfzell wird Bundesumwelthauptstadt.

1997 Das Kunsthaus Bregenz mit seiner prägenden modernen Gestaltung durch den Schweizer Architekten Peter Zumthor wird als bedeutendes Museum für zeitgenössische Kultur in Europa eröffnet.

2000 Die UNESCO nimmt die Insel Reichenau mit ihren drei romanischen Kirchen in die Liste des Weltkulturerbes auf.

2001 Mit dem »Zeppelin NT« ist über dem Bodensee wieder ein Luftschiff auf regelmäßigen Routen zu sehen.

2002 Im Juli stoßen zwei Flugzeuge oberhalb von Überlingen zusammen, 71 Passagiere sterben.

2005 Zwischen Konstanz und Friedrichshafen entsteht eine Verbindung per Katamaran.

2008 Durch das Schengener Abkommen wird zwar auf Personenkontrollen an der Schweizer Grenze verzichtet, der Warenfluss jedoch weiterhin kontrolliert.

2011 Prähistorische Pfahlbauten rund um den Bodensee werden von der UNESCO als Weltkulturerbe aufgenommen.

2014–18 600 Jahre Konstanzer Konzil – die Stadt feiert das Jubiläum mit jährlichen Schwerpunkten.

2019 Eine Reihe kleinerer Erdbeben erschüttert die Bewohner von Konstanz und Umgebung Ende Juli und Ende August.

2020 Anfang März findet die Pferdemesse statt. Die Bregenzer Festspiele werden aufgrund der Corona-Pandemie verschoben. ■

Der Bodensee in Zahlen und Fakten

Politische Aufteilung: 55 % Deutschland (Baden-Württemberg und Bayern), 34 % Schweiz (Kantone Schaffhausen, Thurgau und St. Gallen) und 11% Österreich (Bundesland Vorarlberg)
Ausdehnung: Die Uferlänge beträgt 275 km, die maximale Tiefe 254 m. Von Stein am Rhein bis Bregenz 69 km lang, von Kressbronn bis Rorschach 15 km breit.
Lage: 395 m über dem Meeresspiegel
Wichtige Zuflüsse: Alpenrhein (Hauptzufluss), Alter Rhein, Bregenzer Ach, Seerhein
Inseln: Lindau, Reichenau, Mainau
Höchster Berg: Säntis (Ostschweiz, 2502 m hoch)
Größte Städte am See: Konstanz (85 000 Einw.), Friedrichshafen (61 000 Einw.), Bregenz (30 000 Einw.), Lindau (25 500 Einw.) und Überlingen (22 500 Einw.)
Größte Städte der Region: St. Gallen (76 000 Einw.), Dornbirn (50 000 Einw.) und Schaffhausen (36 500 Einw.)
Bevölkerung: 2 Mio. Menschen in der gesamten Bodenseeregion
Wirtschaft: Weinbau und Tourismus neben Metall- und Textilverarbeitung

Anreise, Einreise

Mit dem Auto

Von Südwestdeutschland aus führt die Autobahn A81 von Stuttgart nach Singen in die Bodenseeregion, aus Richtung Bayern verbindet die A96 München mit Lindau. Das österreichische Ufer ist dank Bregenz an das nationale Autobahnnetz der A14 angeschlossen. In der Schweiz führt die Autobahn A1 von Zürich nach St. Gallen an die Orte des Obersees sowie die A7 von Winterthur nach Kreuzlingen mit Grenzübergang nach Konstanz.

Mit dem Zug

Der Bodensee verfügt über eine Reihe großer Bahnhöfe. Fernverbindungen führen vor allem nach Lindau, Friedrichshafen und Schaffhausen. Nach Konstanz verkehrt überwiegend der Interregio. Nach Lindau und Friedrichshafen ist das ICE-Netz mit Umsteigen in Ulm erreichbar. Singen liegt auf der InterCity-Strecke von Zürich nach Stuttgart. In Österreich ist Bregenz von Wien aus per EuroCity erreichbar. Verbindungsbahnen am Bodensee sind die Bodensee-Gürtelbahn

(Lindau-Friedrichshafen-Überlingen-Radolfzell), die Seerheinlinie (Schaffhausen-Stein-Kreuzlingen/Konstanz-Arbon-Rorschach) und die Rheintallinie (Lindau-Bregenz-Feldkirch bzw. Rorschach).

Mit dem Flugzeug

Der größte Flughafen der Region ist der **Bodensee-Airport Friedrichshafen**, er wird von diversen Airlines (easyJet, Eurowings, Germania, Turkish Airlines, Wizz Air) frequentiert. Von hier sind alle Orte des Sees in maximal 60 Minuten per Bus, Bahn oder Pkw erreichbar. Infos unter www.fly-away.de. Der **People's Business Airport** St. Gallen-Altenrhein liegt auf Schweizer Boden und wird überwiegend von der People's Viennaline nach Wien bedient (www.peoples.ch).

Einreise

Seit dem Beitritt von Schweiz und Liechtenstein zum Schengener Abkommen Ende 2008 bzw. 2011 gibt es keine Personenkontrolle an den Grenzen im Bodenseeraum mehr. Die Schweiz ist nicht Teil der Europäischen Union, daher kann der Warenverkehr kontrol-

Segelboote auf dem »Schwäbischen Meer«

liert werden. EU-Bürger benötigen zur Einreise in die Schweiz und nach Liechtenstein einen gültigen Ausweis und Kinder bis 16 Jahre einen Kinderreisepass. Autofahrer müssen auch Führerschein und Kfz-Schein mit sich führen.

Auskunft

Internationale Bodensee-Tourismus GmbH ➡ aE3
Hafenstr. 6, D-78462 Konstanz
✆ (075 31) 90 94 90, www.bodensee.eu
Jeder größere Ort verfügt über eine lokale Tourist Information, die wichtigsten sind in den einzelnen Kapiteln aufgeführt.

Automiete, Autofahren

Autos können in den größeren Städten und an den Flughäfen gemietet werden. Neben den bekannten internationalen Verleihern oder nationalen Vermittlern wie Holiday Autos (www.holidayautos.de) sind auch lokale Anbieter zu finden. Zur Automiete benötigt man neben dem Führerschein auch eine Kreditkarte. Wer in der Schweiz spontan ein Fahrzeug benötigt, kann die Carsharing-Genossenschaft Mobility (www.mobility.ch) nutzen.

Die Verkehrsregeln sind in allen drei Ländern grundsätzlich gleich, bedeutende Abweichungen liegen allenfalls in den Höchstgeschwindigkeiten auf Autobahnen (Deutschland: unbegrenzt, Österreich: 130 km/h, Schweiz: 120 km/h) und Landstraßen (Deutschland

Der Flughafen St. Gallen-Altenrhein bietet Urlaubern Direktflüge von und nach Wien an

Mit der Autofähre kann man zur Insel Reichenau übersetzen

und Österreich: 100 km/h, Schweiz: 80 km/h). Radarkontrollen werden häufig durchgeführt am Bodensee, insbesondere auf den nicht selten überlasteten Umgehungsstraßen. Die Promillegrenze beträgt einheitlich 0,5. Telefonieren im Auto ist nur mit Freisprecheinrichtung erlaubt. Die grüne Versicherungskarte sollte mitgeführt werden.

Die Benutzung von Autobahnen und Kraftfahrstraßen außerhalb geschlossener Ortschaften ist in Österreich und der Schweiz nur mit einer Vignette möglich, die an allen Tankstellen und Poststellen im jeweiligen Land und im grenznahen Gebiet erhältlich ist. In Österreich gibt es »Pickerln« für zehn Tage (€ 9,40), zwei Monate (€ 27,40) und ein Jahr (€ 91,10). Die Korridorvignette für den Pfändertunnel bei Bregenz wurde nach der Spurverdoppelung wieder abgeschafft. In der Schweiz sind derzeit 40 Franken für das gesamte Kalenderjahr zu zahlen.

Diplomatische Vertretungen

Konsulate im Bodenseeraum:

i Deutsches Honorarkonsulat ➡ J12
Messestr. 11, A-6850 Dornbirn
✆ +43 5572 20 71 87, www.wien.diplo.de

i Schweizerisches Konsulat ➡ G12
Arlbergstr. 111 A, A-6900 Bregenz
✆ +43 699 17 03 87 13, www.eda.admin.ch

Flaniermeile von Lindau: die Maximilianstraße

Einkaufen

Viele interessante Geschäfte in den mittelalterlichen Gassen von **Meersburg** ➡ D6, Lindau und anderen Uferstädten sorgen für großen Einkaufsspaß. Da mit Ausnahme von vielleicht Konstanz oder Singen die kleineren Orte über weniger globalisierte Ketten verfügen, sind auch Handwerkskunst oder lokale Erzeugnisse in erstaunlicher Vielfalt zu haben. Die Souvenirgeschäfte ähneln einander zwar, doch eine Rundreise entlang der drei Länder ermöglicht eine Auswahl verschiedener Mitbringsel.

Rund um den Bodensee haben sich einige Factory Outlet Shopping Center angesiedelt. Das größte Markenangebot hält das **Seemaxx** ➡ C2 in Radolfzell, günstigen Fabrikverkauf bieten ferner **Strellson** ➡ E5 in Kreuzlingen und **Wolford** ➡ G12 in Bregenz.

Essen und Trinken

Der Bodensee ist eine Schlemmerregion! Viele Restaurants verfügen über eine reichhaltige Fischkarte oder sind auf frisch gefangenen Fisch spezialisiert, vor allem auf Felchen, Zander und Hecht. Als Beilage dazu kommt Gemüse von der Insel Reichenau auf den Teller. Das Obst stammt ebenso vom Bodensee, nicht umsonst nennt man den Kanton Thurgau ➡ D3/4 aufgrund seiner Apfelplantagen gern »Mostindien«.

Aus Schwaben, Baden, Vorarlberg und der Nordschweiz stammen die weiteren Angebote auf den hiesigen Speisekarten. Spätzle gibt es besonders an der deutschen Küste in jeglicher Variation. Die »Dinnele« genannte Version elsässischer Flammkuchen wird gelegentlich als »alemannische Pizza« bezeichnet. Richtung Lindau kommt ein Einfluss bayerischer Küche ins Gastronomieangebot, in Vorarlberg ist der österreichische Einschlag deutlich zu spüren. Dazu stehen Rösti auf den Speisekarten der schweizerischen Orte.

Das Preisniveau unterscheidet sich zwischen den Orten, insbesondere in der Schweiz sind die Speisen teurer. Dafür schmeckt der Kaffee hier aufgrund der höheren Qualität der verwendeten Bohnen deutlich besser.

Der Gast hat die Qual der Wahl beim Restauranterlebnis, schließlich haben sich recht viele Spitzenköche am Bodensee niedergelassen und sorgen für einen lebhaften Wettbewerb. Der Aufenthalt kann durchaus ein Ausflug in die exquisite Welt von Gault Millau, Michelin & Co werden.

Feiertage, Feste, Veranstaltungen

Gesetzliche Feiertage:
1. Januar: Neujahr
6. Januar: Heilige Drei Könige (Baden-Württemberg, Bayern und Österreich)
Karfreitag
Ostermontag

In traumhafter Südhanglage: das Staatsweingut in Meersburg

19. März: Josefstag (Vorarlberg)
25. April: Markusfest (Insel Reichenau)
1. Mai: Tag der Arbeit
Pfingstmontag
Blutfest: Reichenau, 1. Montag nach Pfingsten
Fronleichnam (Baden-Württemberg, Bayern und Österreich)
1. August: Nationalfeiertag (Schweiz)
15. August: Mariä Himmelfahrt (Bayern, Österreich)
3. Oktober: Tag der Deutschen Einheit
26. Oktober: Nationalfeiertag (Österreich)
Allerheiligen (Baden-Württemberg, Bayern und Österreich)
8. Dezember: Mariä Empfängnis (Österreich)
25./26. Dezember: Weihnachten

Feste und Festivals:

Februar
Fasnet/Fasnacht in den meisten Orten des Bodensees in unterschiedlichen Varianten.

April
Markusfest auf der Insel Reichenau mit Trachtenprozessionen. Die »Weiße Flotte« der Bodenseeschiffe eröffnet die Saison mit der **Sternfahrt**.

Segelregatta zur Internationalen Bodenseewoche in Konstanz

Das Weinfest in Meersburg ist das größte in der Region

Mai

Das **Bodenseefestival** in rund 30 Orten bringt Konzerte klassischer und moderner Musik an den See (www.bodenseefestival.de). Bedeutendes **Jazzfestival** in Schaffhausen. Auf der Konstanzer Hafenmeile findet Ende Mai die **Internationale Bodenseewoche** mit Segelregatten und Paraden von Oldtimern statt.

Juni

Blutfest auf der Insel Reichenau, der zweite der drei Inselfeiertage (der dritte ist Mariä Himmelfahrt). In St. Gallen findet das **Open-Air-Festival** statt, gefolgt von den **St. Galler Festspielen** mit klassischer Musik auf dem Klosterplatz. In Appenzell und im Bregenzerwald beginnt der **Alpauftrieb**.

Juli

Die alljährlichen **Bregenzer Festspiele** zeigen alle zwei Jahre eine andere Oper. Das **Winzerfest Meersburg** gilt als größtes Weinfest am Bodensee. In Überlingen findet am letzten Wochenende das **Promenadenfest** mit Tanz, Musik und Markt statt.

August

Der **Schweizer Nationalfeiertag** wird im ganzen Land mit intensiver Beflaggung und Feuerwerken gefeiert. Das **Seenachtfest** findet am Kulturufer von Konstanz und Kreuzlingen gemeinsam statt. Das **Friedrichshafener Kulturufer** zeigt Musik- und Theaterveranstal-

Straßenkünstler beim Friedrichshafener Kulturufer

tungen. Musikfest und Feuerwerk beim **Stadtfest Bregenz**. Mitte August findet das **Sandskulpturenfestival** in Rorschach statt.

September
In Appenzell und im Bregenzerwald findet der **Alpabtrieb** statt.

Oktober
In Meersburg zeigt der **Mittelaltermarkt** Handwerk und Esskultur auf mittelalterlichen Spuren.

Dezember
Die **Weihnachtsmärkte** der Städte am Bodensee stimmen auf die Adventszeit ein.

Geld, Kreditkarten

In Deutschland und Österreich gilt der Euro, gesetzliches Zahlungsmittel in der Schweiz und Liechtenstein bleibt der Franken (CHF). Ein Franken entspricht 100 Rappen. Es gibt Banknoten zu 10, 20, 50, 100, 200, 500 und 1000 Franken sowie Münzen zu 1, 2, 5 und einem halben Franken sowie 5, 10 und 20 Rappen. CHF 1 entspricht etwa € 0,95 bzw. € 1 kommt auf CHF 1,05 (Stand April 2020). In der Schweiz nehmen viele Geschäfte und Restaurants auch Euro-Banknoten an, das Wechselgeld wird meist in Franken herausgegeben.

Hinweise für Menschen mit Handicap

Der Bodensee ist durch die mittelalterlichen Stadtkerne wie in Konstanz auf den ersten Blick nicht besonders geeignet für Menschen mit Behinderungen, etwa für Rollstuhlfahrer. Doch die Mehrheit der öffentlichen Gebäude und viele der großen Hotels sind längst barrierefrei umgerüstet worden. Über behindertengerechte Einrichtungen informieren die Tourist Informationen der Ferienorte. Die Vereinigten Schifffahrts-Unternehmen für den Bodensee und Rhein haben eine Broschüre für mobilitätseingeschränkte Fahrgäste herausgegeben (www.vsu-online.info).

Internet

Viele Cafés und Restaurants verfügen über kostenloses WiFi für die mitgebrachten Smartphones, Tablets und Notebooks.

www.bodenseeurlaub.de –
Urlaubsangebote am Bodensee
www.vsu-online.info –
Vereinigte Schifffahrtsunternehmen
www.seezunge.de –
größter Gastroführer für die Bodenseeregion
www.bodenseewest.eu –
Tourismus rund um den Untersee

Weihnachtsmarkt bis zur Imperia in Konstanz

www.bodensee.eu –
Ferien in der Vierländerregion auf den Seiten der Internationalen Bodensee Tourismus GmbH
www.vorarlberg.travel –
Tourismus im Bundesland Vorarlberg
www.ostschweiz.ch –
Tourismus in der Ostschweiz
www.thurgau-bodensee.ch –
Tourismus im Kanton Thurgau
www.tourismus.li –
Tourismus im Fürstentum Liechtenstein

Klima, Kleidung, Reisezeit

Die Saison beginnt im April und reicht bis in den Oktober. Gerade die Blumeninsel Mainau zeigt sich während der drei Jahreszeiten vom Frühjahr bis Herbst in vielfältiger Farbpracht.

Der Sommer ist dank des ausgleichenden Gewässers etwas kühler als in Süddeutschland erwartet. Regelmäßige Gewitter im Sommer sorgen für vergleichsweise hohen Niederschlag. Trotzdem ist der Bodensee gerade im Frühjahr und zur klassischen Ferienzeit ein ideales Ziel für Reisen per Fahrrad, zum Wandern und für Bootsfahrten. Am See kann es allerdings recht windig werden, daher sollte man auch bei schönem Wetter schützende Kleidung dabei haben.

Sommerlicher Blütenzauber auf der Insel Reichenau

Beschaulich: Das Bodenseeufer im Winter in Friedrichshafen

Im Winter wird es am See ruhig und beschaulich. Manche Hotels und Restaurants sind geschlossen. Die Winter sind milder als in der nahen Alpenregion. Wer eher Abgeschiedenheit als Rummel sucht, sollte im November reisen. Den Dezember prägen romantische Weihnachtsmärkte.

Medizinische Versorgung

Trotz Sozialabkommen zwischen der EU und der Schweiz empfiehlt sich der Abschluss einer Reisekrankenversicherung. Apotheken sind in Deutschland und in Österreich mit einem roten A gekennzeichnet, in der Schweiz sind sie am grünen Kreuz erkennbar.

Mit Kindern am Bodensee

Der Bodensee ist eine ideale Region für Reisen mit Kindern. Viele Unterkünfte spezialisieren sich auf Angebote für Kinder verschiedener Altersgruppen. Ganze Orte wie Immenstaad verschreiben sich völlig dem Ferienprogramm für die junge Generation.

Die Konzentration von Erlebnisparks mit und ohne Tiere am Bodensee ist enorm. Auf Seilen in 15 Metern Höhe zwischen den Bäumen klettert man im **AbenteuerPark** ➡ D7 in Immenstaad. Als vielfältiges Naturparadies bietet der **Wild- und Freizeitpark** ➡ C3

Am Bodensee gibt es zahlreiche schöne Spielplätze für die kleinen Urlauber

in Allensbach vergnügliche Erlebnisse. Der **Haustierhof Reutemühle** ➡ B5 bei Überlingen ist nicht nur eine Farm, sondern ein beliebter Bodensee-Zoo. Spannende Tierwelten sind im **Sea Life** ➡ aF3 in Konstanz und im **Affenberg** ➡ C6 in Salem zu entdecken.

Berühmt ist Ravensburg vor allem durch die Puzzles und Gesellschaftsspiele. Das **Ravensburger Spieleland** ➡ D10 in Meckenbeuren sowie das **Museum Ravensburger** ➡ B10/11 in der namensgebenden Stadt sorgen für großen Spaß. Für größere Kinder und Jugendliche eignen sich z. B. das **Zeppelin-** und das **Dornier-Museum** ➡ D8/9 in Friedrichshafen oder das **Rolls-Royce-Museum** ➡ J12 in Dornbirn.

Nachtleben

Ein Nachtleben mit trendigen Bars gibt es in Konstanz, Friedrichshafen, Lindau, Bregenz, St. Gallen und Überlingen.

Notfälle, wichtige Rufnummern

Euronotruf der Polizei und Feuerwehr: ✆ 112 (gültig für alle Anrainerstaaten des Bodensees)
Sperrung von Kreditkarten und Handys: ✆ 116 116 oder ✆ +49 30 40 50 40 50

Deutschland:
Telefonauskunft: ✆ 11833
Pannendienst ADAC:
✆ (018 02) 22 22 22

Österreich:
Telefonauskunft: ✆ 118877
Pannendienst ÖAMTC: ✆ 120

Schweiz:
Telefonauskunft: ✆ 1811
Pannendienst Touring Club
Schweiz: ✆ 140

Öffnungszeiten

In der Regel haben die meisten Geschäfte Mo–Fr 9–18 und am Samstag bis 13 Uhr geöffnet, in den Städten am Samstag auch länger. Souvenirgeschäfte haben häufig auch am Sonntag geöffnet. Die Schweiz ist eher restriktiv und folgt dem Trend zu längeren Öffnungszeiten nur zögerlich.

Post, Briefmarken

Die Farbe der Post in allen drei Ländern ist gelb, die Öffnungszeiten sind grundsätzlich gleich. Besonderheiten

Obstanbauregion Bodensee

in der Schweiz: Briefe werden in A-Post (am nächsten Tag da) und B-Post (dauert etwas länger) unterschieden. Ins Ausland gelten europäische Abmessungen bis 20 g für CHF 1,50 (Priority-Zustellung) oder bis 50 g für CHF 2,60; spezielles Porto für Postkarten gibt es nicht.

Presse

Größte Zeitung im Bodenseeraum ist der Südkurier aus Konstanz. Über die gastronomische Vielfalt am See informiert das jährlich herausgegebene Magazin »Seezunge«. Allerlei Hintergrund und Infos bietet das Bodensee-Magazin vom Labhard-Verlag.

Rauchen

Das Rauchen in öffentlichen Gebäuden, an den Haltestellen und in den Fahrzeugen der öffentlichen Verkehrsmittel sowie in kulturellen Einrichtungen ist generell nicht gestattet. Zum Rauchverbot in Gastronomiebetrieben gibt es je nach Bundesland oder Kanton verschiedene Vorschriften, in der Regel wird in Restaurants nicht mehr geraucht mit Ausnahme von separaten Raucherräumen.

Diebsturm in Lindau

Das Fahrrad eignet sich perfekt, um die Region um den Bodensee zu erkunden

Sicherheit

Der gesamte Bodenseeraum gilt als sicheres Reisegebiet in allen Anrainerstaaten. Trotzdem ist natürlich Vorsicht angebracht, besonders in touristischen Ballungszentren.

Sport und Erholung

BodenseeErlebniskarte
Wer das Beste aus dem Aufenthalt am Bodensee machen möchte, kann eine der drei Erlebniskarten (Landratten-, Seebären- und Sparfuchskarte) ergattern. Sie haben eine Gültigkeit von drei, sieben oder 14 Tagen und bieten vergünstigten Zugang zu über 160 Freizeitattraktionen. Dazu zählen Museen, Inselbesuche, Schifffahrten, Thermalbäder, Freizeitparks sowie Schlösser und Klöster. Das Vergnügen lohnt sich ebenso jenseits des Sommers, wenn Baden von anderen Freizeitmöglichkeiten verdrängt wird. Infos unter ✆ (075 31) 90 94 90 oder unter www.bodenseeerlebniskarte.eu.

Radfahren
Der im Uhrzeigersinn ausgeschilderte **Bodensee-Radweg** führt auf 273 Kilometern rund um den Bodensee und gilt als einer der am besten erschlossenen länder-

Segeln am Bodensee ist ein Erlebnis für Groß und Klein

übergreifenden Radwege Europas. An manchen Stellen am Obersee erscheint er fast wie eine voll besetzte Fahrbahn. Auf jeden Fall lohnt es sich, mit einer guten Radwanderkarte loszufahren, um die Region bei geschickten Abstechern ins Hinterland besser kennenzulernen. In der Schweiz wird der Drahtesel übrigens »Velo« genannt.

Wandern

Auch ohne Bergwelten direkt am See ist der Bodensee ein dankbares Gebiet für Wanderungen verschiedener Schwierigkeitsgrade in ruhiger Landschaft. Burgen, Schlösser, Ruinen und Bäder säumen die bestens ausgeschilderten Wege, die sich in Etappen als Halbtages- oder Tagestouren absolvieren lassen. Die Internationale Bodenseekonferenz richtete 1999 den **Bodensee-Rundwanderweg** ein, der mit 300 Kilometern Länge anhand von Schautafeln über den Natur- und Lebensraum berichtet. Thematische Wanderwege laden besonders im Appenzellerland zur Erkundung von Kultur und Natur ein, so etwa der Witzwanderweg von Heiden nach Walzenhausen mit dem Humor des Appenzeller Völkchens.

Wassersport

Der Bodensee ist prädestiniert für jegliche Form von Wassersport. Die bunten Flächen der Segelboote prägen meist die Sicht auf den Bodensee. Kanufahren ist bis nach Schaffhausen kurz vor dem Rheinfall möglich. Viele Orte verfügen außerdem über Hafenanlagen für Yachten, beispielsweise Langenargen, Romanshorn und Kreuzlingen.

Wellness und Thermalbäder

Die Badekultur hat sich am Bodensee früh entwickelt. Beständige Zeugen sind die drei klassischen Badehäuser auf Pfählen aus vergangenen Jahrhunderten in Bregenz, Rorschach und Lindau-Aeschach. Später bekam jeder Ort sein eigenes Frei- oder Hallenbad. Gleich drei Thermalbäder in Konstanz, Überlingen und Meersburg ermöglichen vollumfassende Bade- und Wellnesserlebnisse drinnen und draußen, stets verbunden mit Sauna und Massage. Mehr Vielfalt beim Saunabesuch verspricht die Bora-Sauna in Radolfzell. Wer der Freikörperkultur frönen möchte, findet den FKK-Strand in Hard bei Bregenz in einem Naturschutzgebiet.

Zeppelin

Die Deutsche Zeppelin-Reederei in Friedrichshafen bietet verschiedene Rundflüge mit dem Zeppelin NT (»Neue Technologie«) zwischen 30 und 120 Minuten an (www.zeppelinflug.de). Außerdem kann man die Luftschiffe zweimal pro Woche besichtigen.

Einmal mit dem Zeppelin über den Bodensee zu schweben, ist ein unvergessliches Erlebnis

Sprachhilfen

Die vier Länder der Bodenseeregion verbinden die diversen Varianten des Alemannischen, auch wenn sich daraus doch recht verschiedene Dialekte entwickelt haben. Das Spektrum reicht von schwäbischen Mundarten im Westen bis hin zum Schwyzerdütsch am südlichen Seeufer. Hochdeutsch wird freilich überall verstanden.

Strom

Das Stromnetz in allen Ländern des Bodenseeraums basiert auf einer Spannung von 230 Volt bei 50 Hertz. Die flachen zweipoligen Eurostecker passen überall, die dreipoligen Stromstecker in der Schweiz und Liechtenstein sind jedoch nicht kompatibel mit den runden Schukosteckern in Deutschland und Österreich. In manchen Hotels, vielen Supermärkten und Kaufhäusern sind Adapter erhältlich.

Telefonieren

Internationale Vorwahlen:
Deutschland: ✆ +49
Österreich: ✆ +43
Schweiz: ✆ +41
Liechtenstein: ✆ +423

In einer Kutsche die Bodenseeregion erkunden

Das Steigenberger Inselhotel in Konstanz liegt unmittelbar am Ufer des Bodensees

Mobiltelefone wählen sich schon mal in die Netze der Nachbarländer ein, doch nach der Abschaffung der Roaming-Gebühren ist das ja kein Problem mehr.

Trinkgeld

Die Preise beinhalten neben der Mehrwertsteuer zwar auch den Service, trotzdem sollte man bei Zufriedenheit den Betrag um etwa zehn Prozent aufrunden.

Unterkunft

Das Preisniveau der Unterkünfte an der Bodenseeregion kennt eine recht große Spanne, die zum Ufer hin deutlich ansteigt. Luxusherbergen im Stile von Grand Hotels sind nur in Konstanz, in Bad Schachen bei Lindau oder in Lochau vor Bregenz zu finden. Die überwiegende Mehrheit der Hotels gehört zur Mittelklasse und ins Viersterne-Segment. Richtig günstige Unterkünfte werden hingegen seltener. Einige Schlosshotels sorgen für romantische Erlebnisse, haben dafür einen vornehmen Preis. Interessant sind Angebote auf Bauernhöfen, in Naturfreunde-Häusern oder in Heuhotels. Die Jugendherbergen rund um den Bodensee werden

Einen der schönsten Ausflüge auf den Bodensee macht man mit dem Dampfschiff »Hohentwiel«

um Matratzenlager in voralpinen Berghütten ergänzt. Auch Campingfreunde kommen nicht zu kurz, einige Plätze liegen ideal mit eigenem Zugang zum See.

Verkehrsmittel

Die Region ist dank des Euregio-Bodensee-Fahrplans durch ein integriertes Netzwerk der verschiedenen Anbieter gut abgedeckt. Dies gilt nicht nur für Bus und Bahn, sondern auch für den Fährverkehr. Für einen ganzen Tag umfasst die Euregio-Karte eine von drei wählbaren Einzelzonen der gesamten Region (www.euregiokarte.com).

Die Bodensee-Schiffsbetriebe verbinden Orte wie Meersburg und Konstanz oder Friedrichshafen und Romanshorn (www.bodenseeschifffahrt.de). Die Saison von April bis Mitte Oktober wird zu Beginn feierlich eingeläutet. Neben reinen Ausflugsbooten und klassischen Dampfern verbinden moderne Katamarane Konstanz und Friedrichshafen in 45 Minuten (www.der-katamaran.de). Zu den ältesten Schiffen zählt die in Hard bei Bregenz stationierte »Hohentwiel« von 1913. Die Schiffe der Erlebnisflotte gewähren durch Themenfahrten zusätzlich eine andere Sicht auf den See (www.bsb.de).

Für eindrucksvolle Erlebnisse sorgen Ausflüge mit speziellen Zügen, etwa die Bergbahnen im Appenzellerland von Rorschach nach Heiden oder von Rheineck nach Walzenhausen. Historische Eisenbahnen verkehren auch im Bregenzerwald (www.appenzellerbahnen.ch).

Hauszeichen der Winzerstube zum Becher in Meersburg

Zeitzone

Die Bodenseeregion liegt in der mitteleuropäischen Zeitzone (MEZ), von Ende März bis Ende Oktober gilt wie überall in der EU die Sommerzeit.

Zoll

Der Warenverkehr zwischen Deutschland und Österreich unterliegt keinen besonderen Beschränkungen für EU-Bürger, der persönliche Bedarf ist auf 800 Zigaretten, 10 Liter Spirituosen und 90 Liter Wein pro Person limitiert. Da die Schweiz jedoch nicht der EU angehört und daher nicht Teil des europäischen Wirtschaftsraumes mit seinem unbegrenzten Warenverkehr ist, liegen die zollfreien Grenzen deutlich tiefer: 250 Zigaretten oder 250 Gramm Zigarren, 1 Liter Spirituosen, 5 Liter Wein pro Person. Souvenirs und Geschenke bis zu CHF 300 sind seit den bilateralen Verträgen mit den EU-Staaten zollfrei. Waren ab CHF 500 können bei der Ausreise von der ohnehin niedrigen Mehrwertsteuer in Höhe von 8 Prozent befreit werden, entsprechende Formulare sind in vielen Geschäften erhältlich. ■

Weinanbau im Blauburgunderland

Die **fetten** Seitenzahlen verweisen auf ausführliche Erwähnungen, *kursiv* gesetzte Begriffe bzw. Seitenzahlen beziehen sich auf den Service.

Friedrichshafener Yachthafen bei Sonnenuntergang

Einzigartige Blütenpracht auf der Insel Mainau

Alb-Donau-Ries-Tourismus/Roswitha Guggemos: S. 80
Appenzell Käse: S. 137
Archiv der Luftschiffbau Zeppelin GmbH: S. 103
Thomas Birli: S. 53, 75
Bodensee-Tourismus/Daniel Frei: S. 142; Roland Gerth: S. 132, 174; Matthias Nutt: S. 134, 144; Tobias Siebrecht: S. 133
Bregenzer Festspiele/Karl Forster: S. 117, 171
David Knipping: S. 87
Fotolia/Franziskus46: S. 139
Gunnar Habitz, Sydney, Australien: S. 22, 28 u., 29, 53 u., 90, 107, 157, 177, 193 o.
Andrea Herfurth-Schindler, Köln: S. 42, 44 u.. 45 o., 45 u., 182
Insel Mainau/Peter Allgaier: S. 10 u., 56
Internationale Bodensee Tourismus GmbH/Achim Mende: S. 9 r., 11 o., 11 u., 15, 30/31, 61, 62, 67, 68, 69, 74, 110, 155, 179, 188, 192
iStockphoto/andhal: S. 127; Adrian Assalve: S. 130 o.; Yuly Azrelyan: S. 3 o. l., 28; Roman Babakin: S. 175; Markus Beck: S. 197; BeholdingEye: S. 136; Ben185: S. 84 o.; Cybermarti: S. 3 o. r., 73 o., 106; dan_germanboy: S. 114; donstock: S. 3 o. Mitte, 33; Freeartist: S. 111; Andrew Howe: S. 20 o.; Patrick Hutter: Schmutztitel (S. 1), S. 135, 151; Bogdan Lazar: S. 10/11; Heinz Linke: S. 95; MarcelMayer: S. 113; RR-Photos: S. 76; sandyriverman: S. 119; Evrim Sen: S. 100; Vora: S. 21.; Voren1: S. 93 o.; Andreas Weber: S. 53 o.;
Kultur- und Gästebüro Gaienhofen/Achim Mende: S. 54 o.
Lindau Tourismus/Gerd Krautbauer: S. 82, 85, 86, 176, 186
Martin Maier Photography BFF: S. 10 o., 64
MTK Deutschland abgelichtet Medienproduktion: S. 58 o.
MTK/Achim Mende: 51 o.; Dagmar Schwelle: S. 2 o. Mitte, 14, 16 u., 17 u., 18, 19, 20 u., 23, 25, 26, 27, 28 o., 170, 178, 181, 187, 191
NAZ Eriskirch/Gerhard Kersting: S. 97
Pfahlbaumuseum/F. Müller: S. 66
Presse- und Informationsamt, Vaduz: S. 124 u.
Schaffhauserland Tourismus/Robert Bösch: S. 9 l., Marcus Gyger: S. 193 u.160, 161, 164; Elge Kenneweg: S. 190; indiespect.ch: S. 163; Bruno Sternegg: S. 158, 159
Schloss Freudental/Stefan Arendt: S. 49
Sandro Schmid: S. 165
Wolfgang Schneider: S. 88
Manuel Schönfeld: S. 59
Andreas Schulz, Köln: S. 57
Schweiz Tourismus/André Meier: S. 128
Shutterstock/Aitivamon: S. 92; Aldorado: S. 63; Aleh Alisevich: S. 140; Nick Biemans: S. 173; Klaus Brauner: S. 2 o. li., 93, 94; Compuvision: S. 71; Gaschwald: S. 115; Franzisca Guedel: S. 2 o. r., 65; thorsten.guenthert: S. 122; imageBROKER.com: S. 46; jarrow888: S. 172; Jekatarinka: S. 147; JoffreyM: S. 138; Kinek00: S. 162; Thomas Klee: S. 70; makasana photo: S. 16 o.; Mario Krpan: S. 39, 149; LaMiaFotografia: S. 141, 146; Horst Lieber: S. 109; Viacheslav Lopatin: S. 43; Karl Allen Lugmayer: S. 125; Matagonca: S. 38; Uwe Mueller: S. 154 o.; Oleg_Mit: S. 78; Carsten Ortlieb: S. 152; pitsch22: S. 58 u.; Pixeljoy: S. 55; Igor Plotnikov: S. 36; Andrzej Puchta: S. 130 u.; reuerendo: S. 83; Robert Schneider: S. 184, 185; Wolfgang Simlinger: S. 120; st.djura: S. 121; trabantos: S. 91, 118, 168; UllrichG: S. 12 u.; Simon Weber Santos: S. 47; Mikalai Nick Zastsenski: S. 81, 116; Bildagentur Zoonar GmbH: S. 77; 154
Stadt Friedrichshafen: S. 105, 183, 194
Stifsbibliothek St. Gallen/Erwin Reiter (Deutschland): S. 129
Thomas Birli, Konstanz: S. 50, 75
Thurgau Tourismus/Ellen Gromann: S. 40; Ivo Scholz: S. 34
Tourist Info Moos: S. 52 o.
Tourist Information Friedrichshafen: S. 9 Mitte, 169, 98/99, 101, 180, 189
Tourist Information Immenstaad/Achim Mende: S. 108
Tourist Information Kressbronn am Bodensee: S. 89
VISTA POINT Verlag (Archiv), Rheinbreitbach: S. 12 o., 44 o., 60, 72 o., 84 u., 96, 102, 124 o., 166, 167
Wikipedia (PD-self)/Ramessos: S. 17 o..; Schaffhausen: S. 150; (CC BY-SA 2.5)/Böhringer Friedrich: S. 112 (CC BY3.0)/Andreas Praefcke: S. 79, 126; Wattewyl: S. 156; Wienacht: S. 143; (CC BY-SA 3.0)/ Fb78: S. 72 u.; Filzstift: S. 145; Franzfoto: S. 153; Ikiwaner: S. 148; Pumuckel42: S. 123; (CC BY-SA 3.0 de)/Hans Weingartz: S. 52
Karin Wörner: S. 35
Zeppelin-Museum, Friedrichshafen: S. 102

Titelbild: Eingang zum Hafen von Lindau am Bodensee (Foto: iStockphoto/JuergenSack)
Umschlagrückseite: Innenstadt von Heiden mit Rathaus (links/s. S. 141), Segelboote auf dem »Schwäbischen Meer« (Mitte/s. S. 173), Bodenseeweine (rechts/s. S. 154)
Schmutztitel (S. 1): Bodenseeschwan
Seite 2/3/4 (v. l. n. r.): Hopfenernte bei Tettnang, Imperia von Konstanz, Pfahlbauten in Unteruhldingen, Insel Mainau, Wasserburg am Bodensee, Schwanenflug über dem Bodensee, Haus zum Ritter in Schaffhausen, Straßenkünstler beim Friedrichshafener Kulturufer, Dampfschiff »Hohentwiel«
Seite 10/11: Terrasse des Schlosses Meersburg (S. 10 o.), Schloss Mainau und Schlosskirche St. Marien mit Sommerflor (S. 10 u.), Zeppelin über dem Rheinfall bei Schaffhausen (S. 11 o.), Hafen und Promenade von Überlingen (S. 11 u.)

Mit Textbeiträgen aus »1000 Places To See Before You Die – Deutschland · Österreich · Schweiz« von Die Journalisten, Gunnar Habitz, Susanne Kilimann, Rasso Knoller, Roland Mischke, Horst Schmidt-Brümmer, Christian Schnohr und Patricia Schultz.

Unser/e Autor/in hat diese Ausgabe unmittelbar vor Ausbruch des Coronavirus recherchiert. Aufgrund der Pandemie kann es zu veränderten Öffnungszeiten und Zugangsbeschränkungen sowie Schließungen kommen. Wir bitten dies zu entschuldigen!

Reihenkonzeption: Andreas Schulz & VISTA POINT-Team
Bildredaktion: Kathrin Fäller
Lektorat: Claudia Boss-Teichmann
Layout und Herstellung: Britta Wilken
Reproduktionen: Noch & Noch, Datteln
Kartographie: Huber Kartographie GmbH, Unterschleißheim
Druckerei: Florjancic tisk d.o.o., Slowenien

ISBN 978-3-96141-469-7

An unsere Leser!
Die Informationen dieses Buches wurden gewissenhaft recherchiert und von der Verlagsredaktion sorgfältig überprüft. Nichtsdestoweniger sind inhaltliche Fehler nicht immer zu vermeiden. Für diese übernimmt der Verlag keine Haftung. Für Ihre Korrekturen und Ergänzungsvorschläge sind wir dankbar.

VISTA POINT Verlag
Rolandsecker Weg 30 · 53619 Rheinbreitbach
Telefon: +49 (0)2224/7795-0 · Fax: +49 (0)2224/7795-100
info@vistapoint.de · www.vistapoint.de · www.facebook.de/vistapoint